DVDでよくわかる
バレーボール

大林素子 監修

西東社

モトコから
バレーを始めるみなさんへ
夢をあきらめないで

アタックNo.1にあこがれた女の子

小さい頃は歌手やアイドルにあこがれていました。しかし、幼稚園の頃から背が高くて6年生の時にはすでに170cmくらいあり、そのせいで周りの子供たちにいじめられたりもしました。ですから、性格は内向的。スポーツはほとんどしたことがなくて、どちらかといえば嫌いでした。

そんな時見たのが、「アタックNo.1」というバレーボールのアニメ。少女たちが熱い戦いを繰り広げる、日本中が熱狂したアニメです。そしてバレーボールに憧れ、「やってみよう」と思いました。これが私とバレーボールとの最初の出会いだったのです。

いよいよバレー部入部! 中学時代

バレーボールを本格的にやるようになったのは、中学1年生のときの新人戦がひとつのきっかけです。中学に入って、バレー部に入部。でも最初の頃はほとんど練習をせず、サボってばかりいました。周りのチームメイトは一生懸命に練習してうまくなっていたけど、私はそれほど練習していなかったので、たいして上達していませんでした。そんな中、新人戦でこてんぱんにやられたことをきっかけにして、バレーに真剣に取り組むようになりました（P116に詳しく書いてあります）。大きな転機になったのは

中2の時、日立の山田重雄監督に出会ったことです。中学の監督が日立バレー部の特集記事が載った雑誌を見せてくれ、合宿所の住所を見てみると、自宅から自転車で10分程度。うまくなりたい!という気持ちで山田監督に手紙を出したんです。数日後に「一度、練習を見にいらっしゃい」という電話を山田先生本人からいただき、すぐに部員全員で駆けつけました。すると、江上由美さんのユニホームを借りて中田久美さんのトスを打たせてもらえるなど、とても歓迎してくれました。ちょうどロスオリンピックの前で、三屋裕子さんもいましたね。そして練習を終えたあと、山田監督が「本気でオリンピックに出たいと思ったら、明日から練習に来なさい。そうすれば、オリンピックに出られるかもしれないよ」と言ってくださいました。

今から思い返せば、当時はバレーボールがうまくなりたい子がたくさん日立の練習を見にいっていたので、その中のひとりに過ぎなかったのでしょう。でも私は感激して、すっかりその気になり、オリンピックは現実味を帯びた目標となったのです。中学時代は部活が終わったあと、毎日、日立に練習をしに通っていました。

私のいたバレー部は、3年生になる頃には地区大会予選を勝ち抜いて、念願の都大会に出場できるほどに。そして、全国中学校選抜メンバーに選ばれ、台湾遠征を経験します。

八王子実践時代はキャプテンをつとめた

名門八王子実践で一躍スターに

中学卒業後は強豪八王子実践高校に入学し、高校生トップレベルの選手が集まる中で切磋琢磨して実力をつけました。菊間先生の口ぐせは「負ければ、2位もビリも同じ」。しかし、春高バレーでもインターハイでも国体でも、あと一歩のところで優勝を逃し、悔しい思いをしました。ところが高校最後の国体で、やっと今まで勝てなかったライバルを破り、優勝することができたのです。

この年、全日本にも選出され、ワールドカップにも出場しました。高校生のワールドカップ出場は、私が史上初めてのことでした。

あこがれの日立バレー部とオリンピック

高校卒業後、いよいよあこがれの日立に入社します。日立での生活は、早朝から寝るまで、文字通りバレー漬けの日々でした。そして21歳の時に、初めてのオリンピックを経験します。新聞の記事で、子供の頃からの夢が叶ったことを知りました。

子供の頃からのあこがれだった日立に入社。大型新人として注目を浴びた

そのソウル五輪では、金メダルを獲ることだけを考えました。しかし、初戦のソ連戦では勝利を挙げたものの、思いもよらなかった相手に負けて結果は4位。ショックはとても大きかった

ソウル、バルセロナ、アトランタと、3度の五輪出場を経験した全日本時代

です。「次は必ず獲るんだ!」と気持ちを切り替えて、やっとそのショックを乗り越えることができました。

続く1992年のバルセロナ五輪では、新人選手の面倒も見て、監督とのパイプ役を務めるなど、自分のプレーのことだけを考えていればいいわけではなくなりました。たいへんでしたがやり甲斐もあり、それがプロ意識の芽生えにつながっていったのかもしれません。

プロ契約、そしてイタリアへ

今まで誰もやらなかったことにチャレンジするという意味で、17年の現

役生活の中で最も大きな経験は、イタリアへ渡ったことだと思います。私がイタリア行きを考えはじめたのは、バルセロナ五輪が終わった後のこと。ソウルが4位で、バルセロナが5位。どんどんメダルから遠ざかってしまうような気がして、何か新しいことをしなければ、という気持ちが強くなりました。けれども当時は、国内で勝つのは当たり前で、オリンピックに出るのも当たり前、という環境。また4年後にがんばるために自分を奮い立たせる材料が、日本にはありませんでした。

そんな頃に、初めてセリエＡの試合を見たんです。クラブ選手権という、世界のクラブチームが集まる大会があって、そこにイタリア代表としてセリエＡのチームが出ていたんです。アメリカやロシアなど、オリンピックで一緒に戦った選手たちが、そのチームに集まってプレーしていました。「あ、これだ」って思ったんですね。ステップアップするためには、プロ選手になるしかない、と。

そこで最初に日本で企業と個人契約してプロになりたいと申し出たら、いろいろと話がこじれて、結局は解雇。マスコミにもバッシングされて、2週間くらいは相当つらい思いをしました。それでも後悔はしていません。なぜならそのつらい経験が、イタリア・セリエＡへの挑戦という新しい道を拓くきっかけとなったからです。

スポーツキャスター、タレント今の大林素子

日本に帰国後、東洋紡オーキスというチームに入団します。3度目のオリンピックである、アトランタ五輪に出場し、私は引退を決意しました。膝の故障は限界を超え、痛み止めの注射が欠かせない体になっていたのです。

今は、子供の頃の夢だった芸能界の世界で、バレー選手時代につちかった精神力でパワフルに活動しています。皆さんにお伝えしたいこと。それは「夢をあきらめないで」ということ。がんばり続け、努力し続ければ、夢はかなうのです。この本がそのためのお手伝いになるなら、こんなにうれしいことはありません。

2006年秋の世界バレーにて。ベンチレポーターとして活躍

DVDでよくわかる! バレーボール［目次］

モトコから
バレーを始めるみなさんへ ……… 2
DVDの特徴 ……… 10
DVDの使い方 ……… 12

Part 1 バレーボールの基礎知識 P.13

バレーコート各部の名称と規格 ……… 14
ポジション ……… 16
ゲームの支配者 セッター ……… 18
速攻とブロックの中心 センター ……… 20
バレーボールの華 アタッカー ……… 22
レシーブの専門職人 リベロ ……… 26
ルール ……… 28
試合の流れ ……… 32
審判のハンドシグナル ……… 34

Part 2 基本技術を身につけよう!

P.37

パス …… 38
オーバーハンドパス …… 40
アンダーハンドパス …… 42
サーブレシーブ …… 44
移動してからのサーブレシーブ …… 46
スパイクレシーブ …… 48
たいこやき …… 50
ローリングレシーブ …… 52

サーブ …… 54
アンダーハンドサーブ …… 56
サイドハンドサーブ …… 58
フローターサーブ …… 60
ジャンピングフローターサーブ …… 62

トス …… 64
オープントス …… 66
バックトス …… 68
クイックトス …… 70
平行トス …… 71
二段トス …… 72

スパイク …… 76
オープンスパイクの基本 …… 78
オープンスパイク（クロス） …… 80
オープンスパイク（ストレート） …… 82
効果的なフェイント（プッシュ） …… 84
クイックの基本 …… 86
Aクイック …… 88
Bクイック …… 89
Cクイック …… 90
Dクイック …… 91
ブロード攻撃 …… 92

ブロック …… 94
2人以上の構えと跳び方 …… 96

練習方法
声を出す習慣をつける …… 98
ウォーミングアップ …… 99
パス …… 100
レシーブ …… 104
スパイク …… 108
ブロック …… 112
サーブ …… 114

Part 3
ステップアップを目指そう!

P.117

フライングレシーブ……118
ジャンピングサーブ……120
ジャンプトス……122
ワンハンドトス……124
ツーアタック……126
時間差攻撃……128
バックアタック……130
試合に備えた練習……132

強い選手・チームになるために
からだをつくる……140
メンタルを強くする……142
ミーティング活用法……144
チームを生かした戦略……146
キャプテンとマネージャー……148
試合前・当日にすること……150

ストレッチ……153
用語解説……158

ルール改正の歴史……36
今までおつきあいした監督たち……74
練習ギライが考えを変えたそのわけは……116
エースアタッカーの役割……138
苦しい時に支えてくれたもの……139
勝利への飢餓感を体験……152
モトコスペシャルとモトコワイド……152

DVDの特徴

監修の大林素子本人が出演する付属のDVDには、基礎から実戦的な攻撃法まで、幅広い情報が収められています。特に、それぞれの項目の練習方法などは、大林素子ならではのオリジナリティあふれる内容となっており、わかりやすくマスターできます。また、元女子バレーボール全日本セッターの永富有紀も出演するなど、豪華な顔ぶれもみどころです。

特徴 1 基本の技術から練習方法まで

大林素子本人が出演して、パスやサーブの基本から、ブロード攻撃などの実戦的攻撃方法まで、幅広い技術を練習方法をまじえて紹介しています。

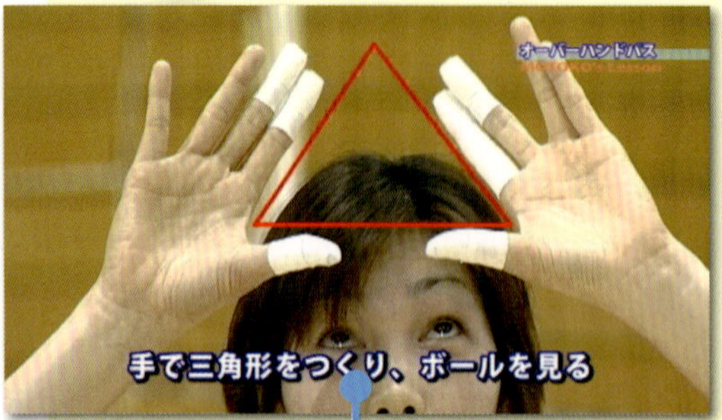

基本技術をていねいに解説

大林素子本人がわかりやすく解説

特徴 2 多角的なアングルやスローで見る

マルチカメラによる同時収録やスローモーションにより、様々なアングルから、テクニックのタイミングやコツを見ることができます。

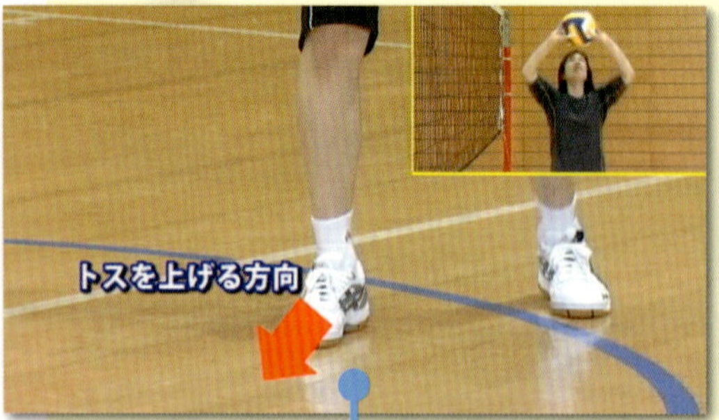

分割画面で複数箇所を同時にチェック

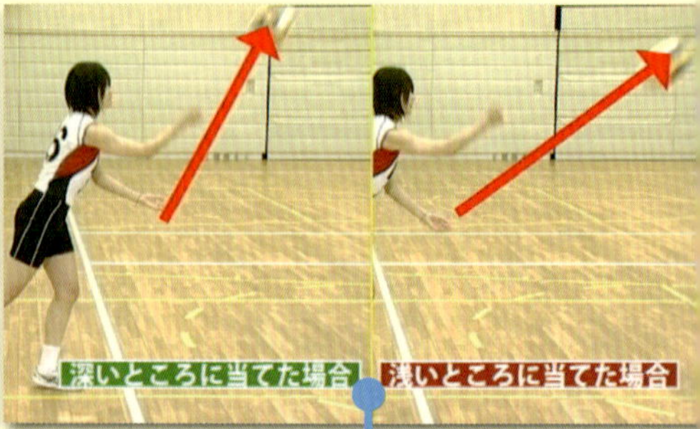

比較映像でフォームの違いを実感

特徴 3 ユニークな練習方法の数々

様々な名監督のもとでプレーした大林素子監修ならではの、ユニークな練習方法の数々が収められています。

身の回りのものも練習用具に

効率よくからだで覚えられる練習が満載

特徴 4 魅力的な出演陣

監修の大林素子ほか、元女子バレーボール全日本セッターの永富有紀も実演指導。また、特典映像では嘉悦大学バレーボール部監督の米山一朋のインタビューも収録。

元全日本セッターの永富有紀も実演

嘉悦大学の米山一朋監督のインタビューも

DVD制作

●総合演出　奥山正次
●ディレクター　高橋昌裕
●TD　藤進
●撮影　藤進　斉藤健一
山本忠勝　長谷川徹
●VE　平田雅一
●照明　浅羽貢
●技術　OTO
●MGデザイン　スタジオFour-D
●オーサリング　富士通商
●ナレーション　渡辺孝
●構成協力　宮崎亘(K-Writer's Club)
中西美雁
●制作　シェイク

DVDの使い方

❶メインメニューを表示する

DVD をプレイヤーにセットして再生させると、「おことわり」「オープニング映像とタイトル」の後に、メインメニューが表示されます。「SKIP」ボタンを選択すると、オープニング映像を省略することができます。

オープニング映像

タイトル画面

❷見たいパートを選ぶ

メインメニューには、収録されている４つのパートが表示されています。方向キーで見たいパートを選び（色が変わります）、クリックまたは決定ボタンを押してください。全てを通して見たい場合は、「ALL PLAY」を選んでください。

メインメニュー画面

❸見たいプレーを選ぶ

パートメニューには、収録されているプレーやテクニックが表示されます。方向キーで見たいものを選び、クリックまたは決定ボタンを押してください。そのほかのメニューに戻る時は「MAIN MANU」のボタンを押してください。

パートメニュー画面

Part 1

バレーボールの基礎知識

Part 1 基礎知識

バレーコート各部の名称と規格

実際にプレーを始める前に、コートと用具について、知っておきましょう。本書ではおもに6人制バレーを説明します。

年齢・性別で違うネットの高さ

一般（男子）	2.43m
一般（女子）	2.24m
高校生（男子）	2.40m*
高校生（女子）	2.20m*
中学生（男子）	2.30m
中学生（女子）	2.15m
小学生	2m

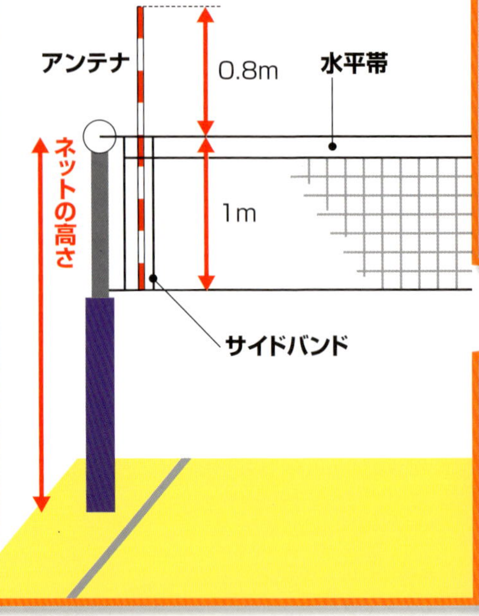

＊都道府県予選会のみ。ブロック大会および全国大会は一般と同様

ボールのサイズは？

	円周	重さ
高校生・一般	66±1㎝	270±10g
中学生	63±1㎝	250±10g
小学生	63±1㎝	210±10g

ボールの大きさもネットの高さと同様、学年、性別ごとに異なります。円周や重量は左のとおりですが、内気圧に関しても294.3～318.82mbar(またはhPa)となっており、色は均一で明るい色か、複数色の組み合わせであること、と定められています。

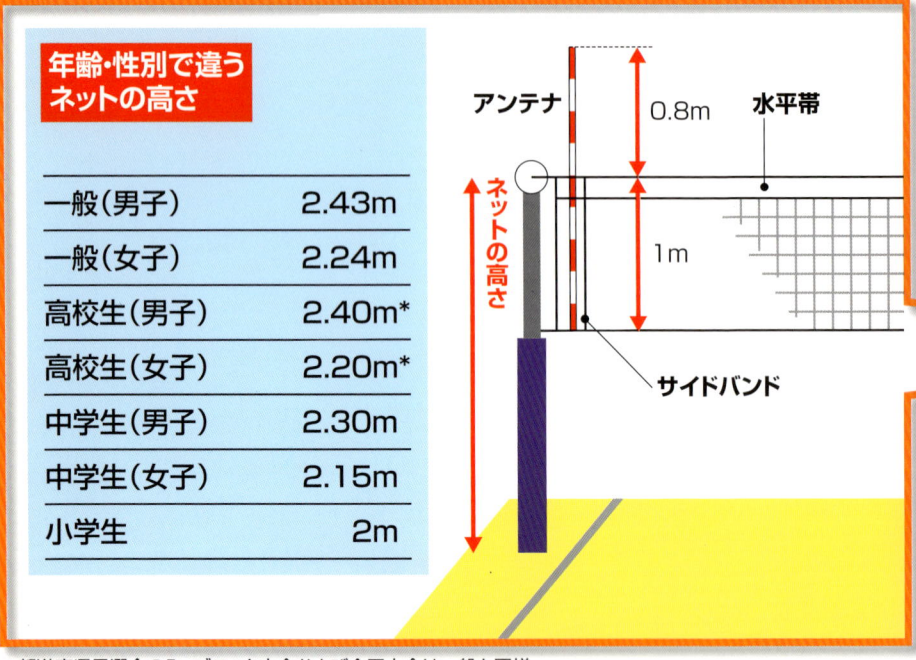

6人制のコートの規格

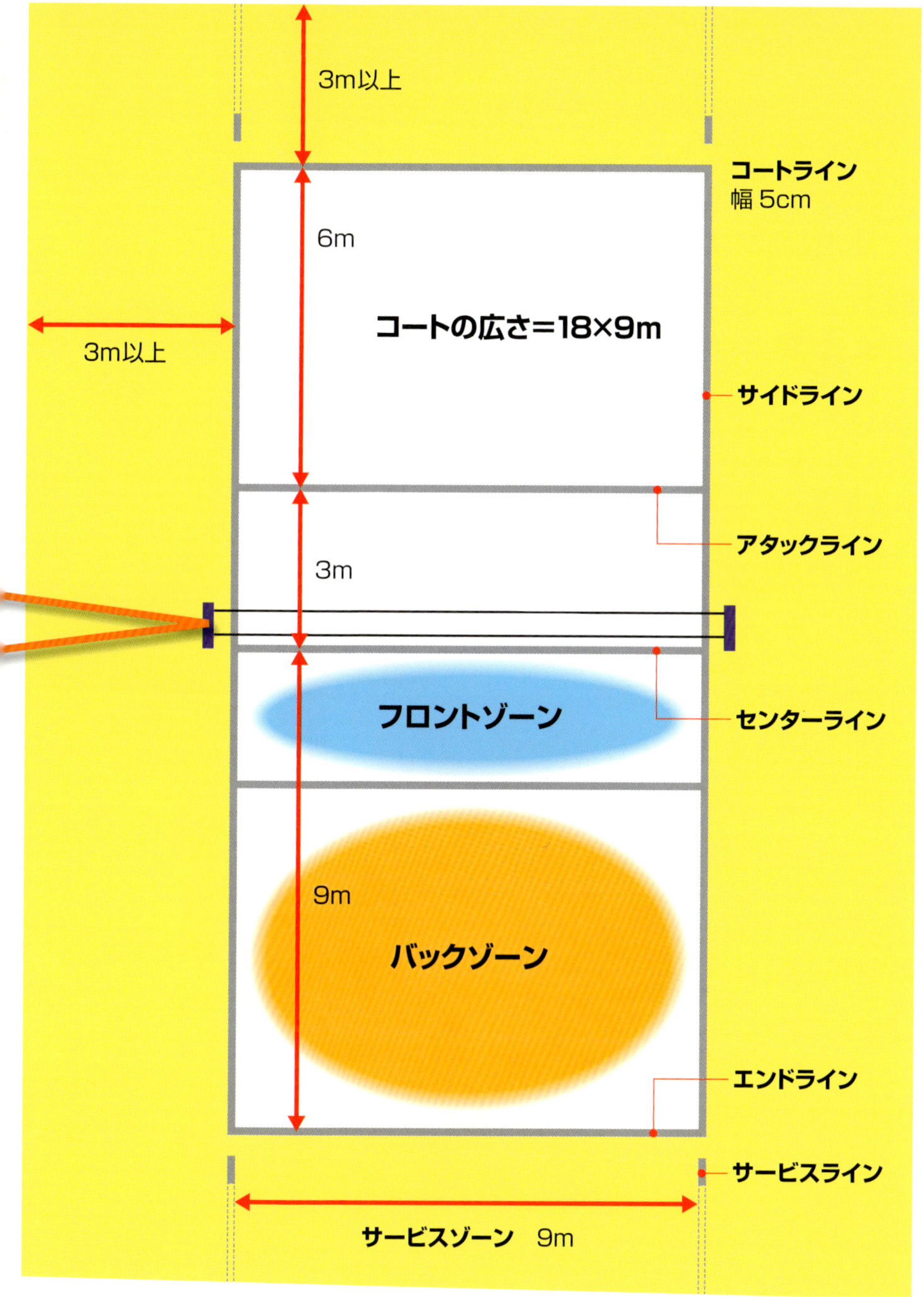
3m以上
コートライン
幅 5cm
6m
3m以上
コートの広さ=18×9m
サイドライン
アタックライン
3m
センターライン
フロントゾーン
9m
バックゾーン
エンドライン
サービスライン
サービスゾーン　9m

ポジション

バレーボールをはじめる時に、一番最初に決め、しかもその後に大きく影響を与えるのがポジションです。役割や必要な資質をしっかりと把握しておきましょう。

自分が一番やりたいところを

バレーを初めてプレーしようという皆さんがまず最初に出会う一番大きな選択肢は、自分がどのポジションになるかというものでしょう。アタッカーになるのか、セッターになるのか、リベロになるのか。基本のパスなどは全員ができなければなりませんが、試合での役割は全く内容が違いますから、どのポジションになるのかは、大きな問題です。

チームの中でのバランスや適性も大切ですが、一番のポイントは「自分がどこをやりたいか」です。なぜなら、どんなスポーツでもそうですが、バレーの最初の頃の練習は初心者にとって退屈でたいへんなもの。けれど、自分が「やりたい」と志願したポジションであれば、そんな厳しい練習でも、自分で納得して取り組むことができるはずだからです。人から言われていやいやなったポジションでは、なかなかそんな気持ちにはなれないものです。

もちろん、身長やチーム内のバランスもあるので、必ずしも自分が望むポジションになれるわけではありません。しかし、監督やコーチにアピールしてみることは、決して悪いことではありません。アピールしていくうちに、自分がなぜそのポジションがやりたいのかもますます明確になってくるでしょうし、たとえ違うポジションになるとしても、しっかり監督やコーチと話し合うことは、無駄にはならないからです。

ローテーションについて

バレーボールには、“役割”のポジション以外にも“配置”のポジションがあります。６人の配置は試合前に登録して、サーブが打たれるまでは前後左右の位置が変わってはいけません。なお、サーブを打つプレーヤーが変わるごとに、ひとつずつ時計回りに移動します。

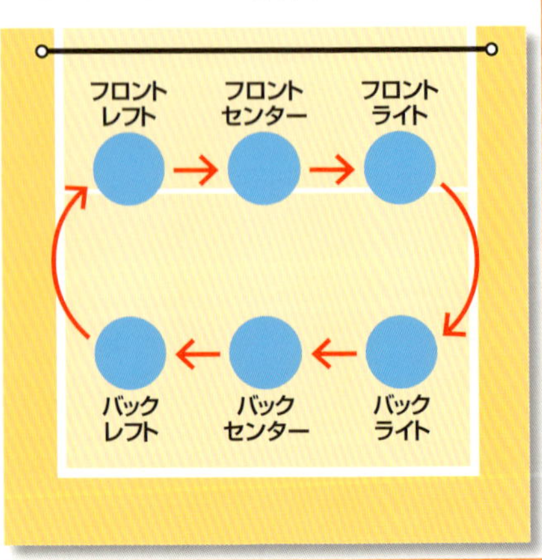

主なポジション

バレーボールのポジションは細かく分けるといくつもありますが、主要なポジションは４つ。トスを上げるセッターと、中央に位置する攻守の要センター、サイドから攻撃するアタッカー、そしてレシーブの専門職人リベロです。それぞれの役割、資質などについては次ページから詳しく紹介します。

❶セッター

トスを上げて試合をコントロールします。チームメイトの調子の善し悪しを常にチェックし、相手コートの動きも見ながら、ゲーム全体を組み立てる頭の良さが必要になります。身長が低い選手を生かせるポジションです。

❷センター

ブロックの中心となるので背の高さや腕の長さが必要になります。リベロをセンターと交代させるチームの場合は、背が高いけれどもレシーブ力があまりない選手がなることが多いです。どちらかというとパワーよりスピードが大事。

❸アタッカー

攻撃の中心となるポジションなので、身長とジャンプ力、肩の強さが適性の目安です。また、性格的なものとしては、物怖じすることなく、どんどん攻めていける気の強さは絶対必要になります。

❹リベロ

リベロの制の導入によって、身長が高くない選手でも活躍の場が広がりました。背は低いけれど、拾うことは誰にも負けない! という気概がある選手にぜひ担当してほしいポジションです。

将来を考えて

チーム内での身長などからポジションを決めるのが基本ですが、時には将来のことを考えることも必要です。今のチームの中では背が高いけれど、レシーブもこなすアタッカーになりたいとか、リベロは控えがないので、ピンチサーバーとしてサーブの技術も売りにできるようにするといった選択もあります。世界のトップレベルでは、セッターも長身で、男子の世界トップレベルでは２メートルクラスもいるくらいです。

ポジションの名称と役割

ゲームの支配者
セッター

大型セッターの阿部裕太選手。高い位置からのトス回しが魅力

セッターとは、味方アタッカーがスパイクを打つためのボールを上げる＝トスする選手のことです。前衛のセンターよりやや右側に位置どりし、自分目がけて上がってくるレシーブを、スパイクが打ちやすいようにアタッカーに向けてトスします。ですから、トスの基本であるオーバーパスはもちろんのこと、あらゆるパスの正確さが求められます。

どんなにすごいエースアタッカーであっても、スパイクを打つ前には、必ずトスが上がっていなければなりません。それだけ大変重要なプレーであり、ポジションなのです。

サーブレシーブを受けてトスするのが最も基本的な形ですが、レシーブが乱れた時も、できるだけトスとしてスパイカーに供給することが大事です。ですから、セッターには動きの速さと、どこにボールが落ちるかを判断する読みの良さ、そしてボールをコントロールする能力が求められるのです。

よく、「あのセッターのトスは打ちやすい」「打ちにくい」といったことが言われます。もちろん、アタッカーが打ちやすく、かつ相手ブロッカーを惑わすトスを上げられるセッターが良いセッターですが、打ちやすいトスというのは、アタッカーによって違います。すぐれたセッターは、それぞれのアタッカーが打ちやすいトスを把握し、相手によって変え

セッターに求められる資質

- ゲーム全体を見渡せる、総合的な判断力
- チームメイトの調子の善し悪し、性格などを把握できる観察眼
- データを理解し、それに基づいた配球の組み立てができる頭の良さ

こんなセッターになろう!

- 追い込まれたときも常に冷静でいよう
- アタッカーの打ちやすいトスをあげられるよう心がけよう
- 相手ブロッカーの裏をかけるずるがしこさも身につけよう
- アタッカーを上手く乗せるためのムード作りにも気をつけよう

てあげるのです。

スパイクを打たないセッターは、バレーボールという競技の中では、特に始めたばかりの皆さんには、地味なポジションに思えるかも知れません。でも、どんなに強烈なスパイクを打つアタッカーでも、トスが上がらなかったら打つことはできません。そして、誰にどんな場面でトスを上げるかは、セッターに任されています。このため、セッターは、チームの、そしてゲームの「司令塔」と呼ばれるのです。

世界バレーMPVを受賞した竹下選手。低身長だが技術には定評がある

レシーブされたボールの質や、味方アタッカー、敵の守備（ブロック・レシーブ）の状態をすばやく判断し、ベストの攻撃を選択して、アタッカーに向けて正確なトスを配球する。相手ブロックを振るのか、エースの力に賭けるのか。そして、その日調子の良いアタッカーは誰なのか。それらを瞬時に判断し、相手の好むトスを上げなければなりません。セッターは、他のプレーヤーとはひと味もふた味も違った資質が求められるのです。

セッターはその性質から、単にその時その時のトスを上げるだけでなく、ゲーム全体の戦術を組み立てるという非常に重要な役割もあります。次にこんな攻撃でいく、といった指示も出すことになります。

「アタッカー達を自在に操ることができるのは、楽しいですよ」そう語るセッターも多いのです。

ポジションの名称と役割

速攻とブロックの中心 センター

ブロード攻撃を行う杉山祥子選手

センタープレーヤーは、文字通り前衛3人の中の真ん中でプレーする選手のことです。最近は「ミドルブロッカー」という言い方もされます。これも同じ事で、ブロックに跳ぶとき、常に前衛3人の真ん中で跳ぶ選手を指します。

センターでスパイクを打つということは、トスを上げるセッターのすぐ近くで打てるということ。ですから、センタープレーヤーの攻撃は、まず速さが最大の武器になります。ブロード攻撃といって、移動しながら打つスパイクも、センターの攻撃のひとつです。センターはセッターと近いため、トスの距離が短くなり、相手ブロックもつきやすくなります。そこで、速さや移動などでブロックを時間的、空間的にかわすアタックを打つ能力が求められます。また、「ミドルブロッ

相手スパイカーへのブロックに跳ぶ齋藤信治選手

センターに求められる資質

- 相手セッターのトス回しを先読みする頭の良さ
- 横移動の素早さ
- いったん相手セッターに振られても、あきらめずにワンタッチを取りに行く粘り強さ
- ブロックの起点となるので、高身長が望ましい。腕が長ければなおよし

こんなセンターになろう！

- 相手アタッカーにいやがられるセンターになろう
- シャットアウトが取れなくても、少しでもボールの勢いを殺すことに集中しよう
- ブロックがついたときにコースを変えて打てる判断力と応用力を身につけよう

スタンディングジャンプでクイック攻撃をする宝来眞紀子選手

カー」という名前が表すように、ブロックの要でもあります。常に、相手のどの位置からのアタックにもブロックを跳ぶことが求められます。

ブロックは、相手セッターとの読み合いの勝負です。相手のトスに合わせて左右にすばやく移動するフットワークと、しっかり手をネットの前に出すこと、相手セッターに振られてもあきらめずにジャンプする粘りなどが必要になります。センターがブロックにつくことで、相手のアタックのコースが限定され、レシーブがしやすくなります。つまり、センターブロックは守備の要。レシーバーとの連携を指示することもセンターの役割のひとつとなっています。

ポジションの名称と役割

バレーボールの華
アタッカー

アタッカーとは、アタックを打って、得点する役割の選手。厳密にいえば、センタープレーヤーも攻撃に参加してアタックを打つのですが、一般にはアタッカーといえばサイドの選手のことを指すことが多いですね。

滞空力のあるジャンプで強打が得意な小山修加選手

バレーボールを始めるとき、誰でもイメージするのは、強烈なアタックを相手コートに打ち込む、かっこいい自分の姿なのではないでしょうか。アタックという言葉とともに、最近では「スパイク」という言葉もよく使われます。意味はほぼ同じなのですが、細かい違いをいうならば、アタックは「攻撃全般」、スパイクは「強打」を指すといわれています。つまり、フェイントや軟打を含めた、相手コートへの攻撃全体を「アタック」と呼び、ジャンプしてトスされ

アタッカーに求められる資質

- ジャンプ力
- ボールを相手コートにたたきつけられる肩の強さ
- ジャンプしながら相手コートの状況を読み取り、ブロックを交わしたり、ブロックアウトを狙える動体視力のよさ

こんなアタッカーになろう!

- どんなに劣勢でも決してあきらめない、強い心を持とう
- ブロックの隙間を見て、レシーバーのいないコースを打てるようになろう
- 「得点すること」を第一目標に、硬軟を使い分けたアタックを打てるようにしよう

たボールを相手コートに強く叩きつけるアタックを、スパイクと呼ぶようです。

サービスエースやブロックポイントを除けば、バレーボールの得点は、アタックによってなされるのがほとんどです。ですからアタッカーのゲームの中での最も重要な役割は、最大のポイントゲッターであることです。どんなに素晴らしいレシーブが上がり、トスが供給されたとしても、アタッカーがミスをしてしまえば、それまでの努力は無に。それどころか、ラリーポイント制の今では、相手に得点が入ってしまい、マイナスにすらなってしまうのです。

それだけに、責任重大なポジションですし、同時にやり甲斐もあります。それ

強打も技術的なスパイクも打ちこなす荻野正二選手

力強いスパイクが魅力の大砲・大山加奈選手

ぞれのプレーがつながって、良い結果を出せるか否かがかかってくるアタック。チームプレーの真髄が、この「アタック」というプレーに結晶化しているのではないでしょうか。

華麗なスパイクが相手コートに突き刺さる瞬間は、バレーボールの醍醐味といっても過言ではありません。もっとも、スパイクを打つ前には相手チームのサーブやスパイクをレシーブして、トスを上げてもらわなければなりません。同じ選手が二度続けてボールをさわるプレーはできませんので、レシーブをする選手はセッター以外のポジションの選手が行います。

近年、リベロというレシーブ専門のポジションもできましたが、リベロ1人だけでコートをカバーすることは不可能です。ですから、アタッカーとは、6人制のバレーボールにおいては、レシーブを担当する選手でもあるのです（サーブレシーブを担当しない、オポジットと呼ばれるポジションもあります。後の方で説明します）。

大砲と呼ばれる、強打中心のアタッカーもいれば、細かい技術でブロックアウトなどで得点を重ねるタイプのアタッカーもいます。全日本でいえば、前者が大山加奈選手や小山修加選手や山本隆弘選手、後者が高橋みゆき選手や木村沙織選手、もう引退してしまいましたが、青山繁選手などが挙げられます。

オールラウンダーの木村沙織選手

小柄ながら速いスパイクで得点する越川優選手

ガイチ君と私に送られた特別なポジション「スーパーエース」

スーパーエースというポジションについては、いろいろな説があります。最近定着してきた使い方だと、サーブレシーブに参加せず、攻撃のみに専念する選手のことをいうことが多いようです。セッターの対角に配置されることが多いためオポジット（“対角の”という意味）とも呼ばれます。

常に攻撃に参加することが求められるため、後衛からのバックアタックの能力が必須です。バックアタックのための大きなジャンプを生み出す強大な跳躍力と、強烈なスパイクを繰り出す腹筋力・背筋力が要求されます。

実は、私も「スーパーエース」と呼ばれていました。もっとも私はサーブレシーブも担当していたので、上記の定義には当てはまりません。バルセロナ五輪のときに、松平康隆先生が、私と、同期の中垣内祐一君のために作ってくださった称号的な意味合いを持った特別なポジション名、それが「スーパーエース」の始まりでした。

エースの中のエース、最も得点力の高いエースアタッカー、それがスーパーエースなのです。

同級生の中垣内祐一選手。同じスーパーエースとして戦った仲間

ポジションの名称と役割

レシーブの専門職人
リベロ

2006年の全日本女子のリベロ・菅山かおる選手

リベロとは、守備専門のポジション。1996年ワールド・グランプリで試験的に導入され、1998年に国際ルールとして正式に採用となりました。バレーボールの歴史の中では、まだできたてほやほやのポジションといってもいいでしょう。

リベロ制の導入は、どうしても高身長の選手が有利になるバレーボールという競技で、背が低くても守備に卓越した能力のある選手に、活躍する機会を与えることを目的としていたそうです。導入の結果として、レシーブ専門の選手が参加することでラリーが続きやすくなって、白熱し、見ていて面白いプレーが多く見られるようにもなりましたね。

ユニフォームは、他の選手とは違う色

リベロに求められる資質

- レシーブ専門でアタックが打てないという特性を生かせる、忍耐強く、ねばり強い性格
- サーブやスパイクのコースをいち早く判断する読みの良さと、ボールの位置に移動できる瞬発力
- データの理解力、ゲームメイクをするための頭脳

こんなリベロになろう！

- 周りのアタッカーの守備に関する負担をできるだけ軽くするため、広い範囲をカバーできるようになろう
- レシーブの位置取りを周囲に指示し、ブロッカーとの連携もきちんと確認できるようになろう
- コートにボールが落ちる瞬間まであきらめない習慣を身につけよう

のものを着用します。そして、サーブを打ったり、スパイクを打ったりすることはできません。また、前衛でオーバーハンドでトスを上げること、ブロックに参加することも禁止されています。

正確にレシーブを上げる津曲勝利選手

交代の回数は無制限で、どのポジションといつでも何度でも自由に交代できるため、「リベロ（自由な）」という名称になりました。一般的にはレシーブの苦手なセンタープレーヤーが後衛に行ったときに、交代することが多いようです。

また、リベロはベンチにいるときは、監督の指示を聞いて、コートに入った時にその指示をコート内のプレーヤーに伝えるという役割を負うこともあります。センタープレーヤーと、ブロック・レシーブの連携について打ち合わせし、指示を出す役割を負うチームもあります。

このように、リベロは司令塔であるセッターに次いで、ゲームメイクの要となるポジションになってきました。比較的新しいポジションであることから、今後もどんどん発展していく可能性があるポジションだといえるでしょう。

ルール

基本的なルール

プレー上のルール

チームの打数
自チームのコート内にあるボールには、3回まで触れてよい。ブロックはカウントしない。ブロック後のボールには、ブロックしたプレーヤーを含めて誰が触れてもよい。

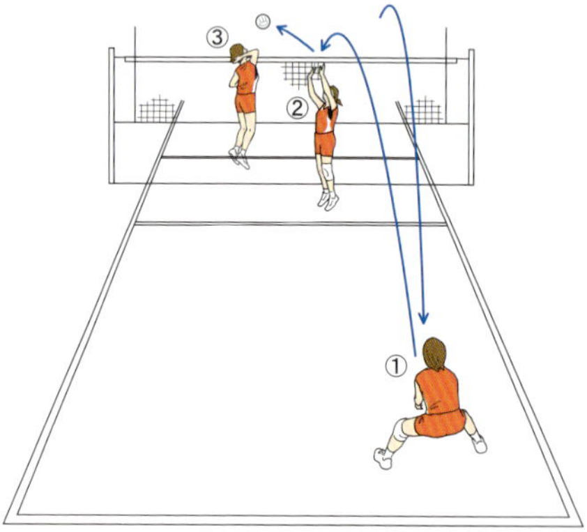

同時の接触
複数の選手が同時にボールに触れてもよい。ただし、2人が同時に触れた場合は2回 3人なら3回とカウントする。

ボールの打ち方
同一プレーヤーは2度連続してボールに触れてはならない。ボールは体のどこを使って打ってもよい。

プレー上の主な反則

フォア・ヒット
味方コートにボールが入ってきて3打以内で相手コートにボールを返さないと反則。

アシステッド・ヒット
アタックやブロックなどの際に他のプレーヤーが支える（持ち上げる）と反則

キャッチ・ボール
プレーヤーの手や腕にボールが止まった状態にあると反則。投げたりつかんだりもNG。

ダブル・コンタクト
同一プレーヤーが2回続けてボールに触れると反則。ボールを受けた時、からだの2ヵ所にごく短い時間（瞬間）をおいてボールが当たるのも反則。ただし、ブロックを除く。

ネット付近のルール

ネットを通過するボール
ボールは、両サイドのアンテナより内側のネット上を通過させて相手コートに送り出す。

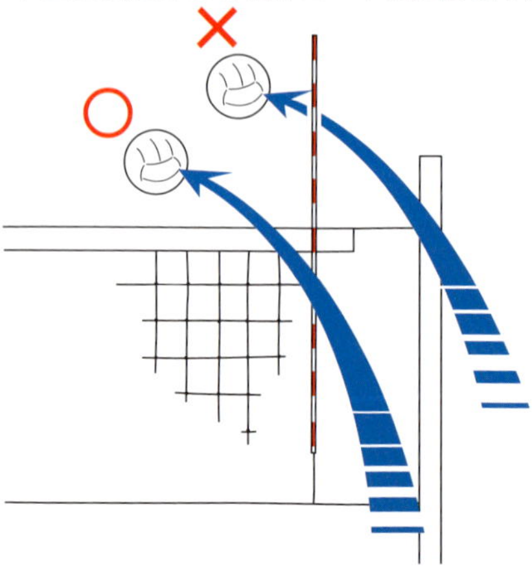

ネットに触れたボール
ボールがネットに触れても反則にはならない。

ネット・ボール
サービスを含めたボールが、ネットに触れて相手方コートに入った場合、ボールは、なおインプレーの状態にあるものとする。
ネットに打ち込まれたボールも、3打以内であれば再びプレーにつなげることができる。

手がネットを越えた場合
相手コート上にあるボールを相手がアタック・ヒットする前にネットを越して触れると反則。
また、ネットの上から出した手などで相手のプレーを妨げるのも反則。

ネット下からの進入
ネットの下からボールやプレーヤーがセンターラインを越えて相手コートに進入すると反則になる。

ネットへの接触
ボールをプレーする動作（ボールに触れていない動作も含む）中にネット・アンテナにプレーヤーが触ると反則。

その他のルール

スポーツマンシップ
どんな状況でも、勝利のため、またひとつのゴールのために、最後まで全力を尽くしてプレーする。
ルールを守り、ルールの精神に従って行動する。
対戦チームのプレーヤーや、レフェリーなどにも、友情と尊敬をもって接する。
勝利のときに慎みを忘れず、また敗戦も、誇りある態度で受け入れる。

フェアプレー
フェアプレーの精神を理解し、あらゆる面でフェアな行動を心がける。

不法な行為
薬物の乱用など、不法な行為は断固として拒絶する。

罰則の適用
テクニカルフォルトについては、イエローカード、レッドカードを示す。
コート上のプレーヤーが対象となる場合と、ベンチにいる監督やコーチが対象となる場合がある。この反則を犯すと相手チームに1ポイントとサーブ権が与えられる。
プレーヤーが対象となるのは、同一のプレーヤーが、審判から二度にわたって個人的警告を受けた場合。個人的な警告とは、審判に対し、不平不満を言うことや抗議を行うことに対して課される。
監督やチーム全体が対象となるのは、定められた回数以上の選手交代やタイムアウトを行ったり、制限時間を越えてタイムアウトを取った場合など。

ポジション・プレー別のルール

サーブのルール

サーブの順番

第1セットの最初のサービスは、トスの結果サービス権を得たチームが行う。セットごとにサービス権は移動してスタートする。チーム内では、ラインアップシートに記入された順番で打つ。サービス権が交代したらローテーションし、バックライトの位置に来た選手がサーブを打つ。

サーブの方法

サービスゾーン内から、バックプレーヤーがボールを相手コートに入れること。全てのプレーの起点となる。サーバーは主審がサービス許可の笛を吹いた後、8秒以内に打たなければならない。サーバーがサーブを打った瞬間からボールが床に落ちるまでをインプレーとする。

スクリーンの形成

サーブの軌道やフォームから予測されることを妨害する目的で、サーバーが見えないように前衛の選手が相手チームから故意に視界を遮る動作を行うことは反則となる。

リベロのルール

リベロの登録

12名のうち1名をリベロプレーヤーとして登録することができる。

リベロの服装

他のプレーヤーとは対照的で異なった色のユニフォームを着用しなければならない。

リベロのプレー

後衛にいる選手となら誰とでも何度でも交代できる(通常の選手交代の数に数えない)。
審判の許可無くいつでも交代できる。ラリーが終了していて、サーブ許可の笛が鳴るまでの間に限られる。
コートから出る時は入る時に交代した選手としか交代できない 。
自チームのベンチ側のアタックライン〜エンドライン間のサイドラインから出入りする。
ネットより高い位置にあるボールに触れることはできない。
スパイクやブロックに参加すると反則。サーブを打つこともNG。リベロがフロントゾーン内でトスをあげて他の選手が攻撃をする、というプレーも反則(アタックラインより後方からのトスならOK)。

パス・スパイクのルール

アタック・ヒットについて

サービスとブロック以外、相手コートにボールを送ろうとする動作全てがアタック・ヒットとされる。前衛の選手には制限はないが、後衛の選手には制限がある。

アタック・ヒットの制限

後衛の選手はフロントゾーンの後ろからであれば、どんな高さで打ってもよい。ただし、アタックラインを踏みきり足が踏んではいけない。
ネットより低いボールであれば、アタックラインの前でもOK。

アタック・ヒットの主な反則

相手側コート内のボールを打つ場合
ボールがアウトになった場合
バックプレーヤーがアタックラインから前で、ネットより高いボールを打った場合
リベロがネットより高いボールを打った場合
リベロがフロントゾーン内で上げたトスをネットより高い位置で打った場合
相手のサービスを、フロントゾーンでネットより高い位置で打った場合。

ブロックのルール

ブロックについて

ネットに接近して相手側からのアタックボールを阻止する行為を指す。ラリーポイント制における得点の有効な手段でもあり、レシーブとの連携による守備の要でもあるプレーである。

ブロック中の接触

1人、または複数のブロッカーにボールが連続して触れても、一つのブロック動作内であれば反則にならない。

相手チーム空間内でのブロック

相手コート上にあるボールを、相手のアタック・ヒット前にネットを越して触れてはいけない。が、ボールを打った後でネットを超えたのであれば相手のプレーを妨害しなければ反則でない。

ブロックできるプレーヤー

フロントポジションの3人のみ。その3人の中でれば、何人同時に飛んでもOK。

ブロック後のレシーブ

ブロック後のレシーブは、ブロックした選手を含めて誰が行ってもよい。

サーブのブロック

相手サーブを直接ブロックしてはならない。

ブロックの主な反則

相手コート内にあるボールを相手のアタック・ヒット前にネットを越して触れると反則、ペネトレーション・フォールト(オーバー・ネット)と言う。
後衛の選手がブロックに参加する場合
リベロがブロックに参加する場合
ブロッカーがアンテナの外側でブロックした場合
サーブをダイレクトにブロックした場合
ブロックしたボールがアウトになった場合

試合の流れ

普段練習をこなしているだけでは、実際の試合の進行をつかむことはできません。間違って進めてしまうことがないよう、しっかりと流れを把握しておきましょう。

試合当日の流れ

ここでは、試合がどんな流れで進行していくのかを紹介します。試合前、試合開始後の進め方に分けて、それぞれを説明しましょう。

基本のチーム構成

監督	コーチ	トレーナー	医師
1名	1名	1名	1名

競技者	競技者	競技者	競技者
競技者	競技者	競技者	競技者
競技者	競技者	競技者	競技者（リベロ）

最大12名

1人（中学・高校では2名まで）をリベロとして登録できる

試合前

トス

サービス権とコートの選択権をどちらのチームがとるかを決めるためにトスを行う。コイントスで決められることが多い。トスに勝ったチームは、キャプテンがサービスをする、または受ける権利かコートを選択する。

ウォームアップ

からだをほぐし、怪我を防ぐ目的もあるので、試合前には必ず３分間または５分間の練習を行う。
軽くスパイクを打ったり、サーブを打ったりして試合開始に備える。

スターティングラインアップ

ゲームにおける競技者は６名とリベロプレーヤー。監督は、試合開始の時の競技者を決めて提出する。

試合

ポジショニング

サーブが打たれるまでは、前衛・後衛の位置関係が決められており、たとえばセッターが後衛にいるローテーションのときは、サーブを打つ瞬間までは前衛に行ってはならない。その後はコート内を自由に動いてよい。

セット

ラリーポイント制

サーブ権の有無にかかわらず、ラリーに失敗してワンプレーが終了するごとに得点となる。ネットタッチなどの反則も同様。

ローテーション

サーブ権がうつるたびに、新たにサーブ権を得た方のチームは、時計回りに1つずつポジションを移動する。(➡P16)

セットの勝敗

1セットは、2点以上の点差をつけて先に25点(最終第5セットは15点)に達したチームが勝ちとなる。24対24になった場合(最終第5セットは14対14)は、先に2点差をつけた方が勝つ。

タイムアウト

1セットにつき2回まで、作戦や指示のための中断をとれる。1回のタイムアウトは30秒で、コートの外に出ることができる。FIVB公式競技会では、テクニカルタイムアウトが適用される。

メンバーチェンジ

1セットにつき6回までメンバーを交代できる。交代に際しては1人または複数のプレーヤーの交代を同時に行うことができる。スターティングメンバーの場合は1セットに1回だけ交代した後にコートに戻れる。

次のセットへ

サーブ権

セットが終了するごとに、スタート時のサーブ権は移動する。

コートチェンジ

各セットが終わるごとにコートを交代する。フルセットになった場合は、最終セットの8点をとった段階でセット中に交代する。セット間の時間は3分間。

試合の勝敗

1試合5セットマッチの時は先に3セットを、3セットマッチの時は先に2セットをとった方が勝利。
試合終了後は整列してから両チームでネット越しに握手する。

Part 1 基礎知識

審判のハンドシグナル

試合の時に審判はハンドシグナルでプレーや反則の説明をします。試合中に戸惑ったりしないように、主なハンドシグナルに関してはきっちりと覚えておきましょう。

サービス許可

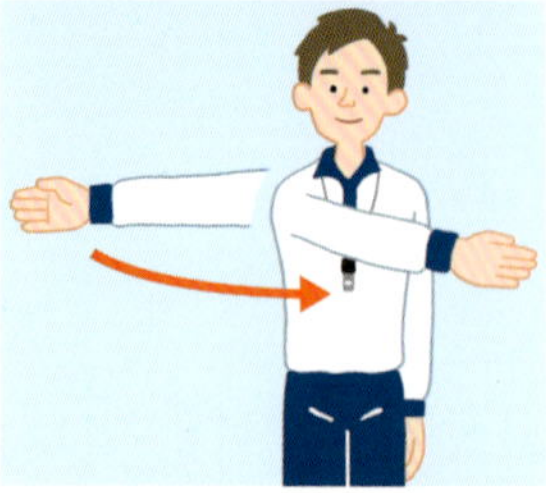

サーバーからサーブを打つ方向に向かって腕を移動させる。このシグナルが出てからサーブを打つ。

ディレイ・イン・サービス

サーブ許可が出てから8秒以内にサーブを打たないと反則となり、両手の指で8を表す。

タイム・アウト

監督またはキャプテンやがアドバイスを与えるために、各セット2回タイムアウトをとることができる。片方の腕を立て、もう片方の腕でT字型をつくる。

サブスティテューション

メンバーチェンジのこと。両腕をからだの前に持ち上げ、上腕部を回転させる。リベロを除き、各セット最大6回メンバーチェンジできる。

ポジショナル・フォールト

サーブを打った瞬間、選手が正しいポジションにいなかったり、ローテーションが違っていたら反則。片方の手の人差し指で円を描く。

タッチ・ネット

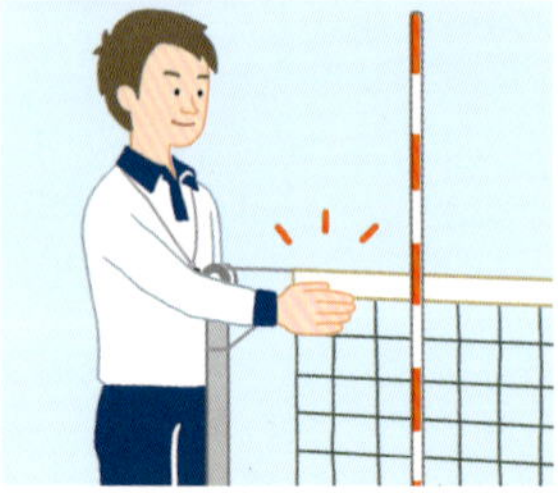

インプレー中にネットおよびアンテナに触れたら反則。反則を犯した側の片方の手でネットに触れる。

オーバー・ネット

ブロック時以外にネットを越えて相手コートにあるボールに触れると反則。違反した側の片方の手のひらを下に向け、ネット越しに伸ばす。

パッシング・ザ・センターライン

ネット下でからだの一部がセンターラインを越えてしまったら反則。片方の手で、センターラインを指す。

ダブル・フォールト

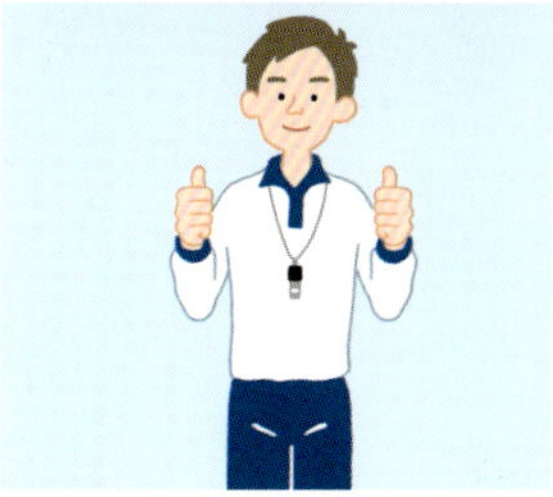

双方のプレーヤーが同時にボールに触れてキャッチボールになった時など、同時に反則を犯した場合はノーカウント。腕を直角に曲げ、両親指を立てる。

ブロックの反則

手やからだでサーバーの動きを隠すなど、ブロックの反則。両手の平を前方に向けて両腕を上げる。

ワン・タッチ

コート外に出たボールに選手が触れていた時のサイン。ミスしたコート側の腕を指先までまっすぐにして上げ、反対側の手で指先を手前からなでる。

キャッチ・ボール

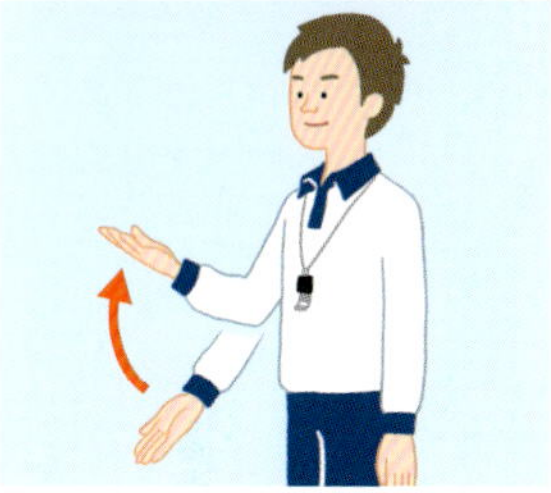

ボールをつかんだり投げたりすると反則。ホールディング、ヘルドボールともいう。片方の手の平を上に向け、ゆっくりと上げる。

ダブル・コンタクト

同じプレーヤーがボールを2回連続して打ったり、ボールがからだの数ヵ所に連続して触れたら反則。指を二本立てて、その腕を上げる。

フォア・ヒット

相手コートへボールを返す時に、4回以上ボールを打つと反則。オーバータイムスともいう。4本指を伸ばし、その腕を高く掲げる。

アタック・ヒットの反則

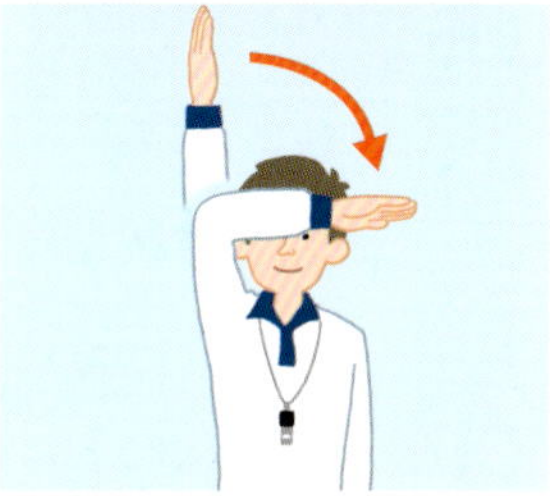

後衛の選手がフロントゾーンでネットより高い位置で打つなど、アタック・ヒット全般の反則。片手の手を上に伸ばし、上腕を振り下ろす。

モトコラム

ルール改正の歴史

過去の大きなルール変更

アンテナとブロックのルール変更

バレーボールは約100年ほど前にアメリカで生まれたとされていますが、現在に至るまでに何度も大きなルール改正が行われています。その中でも大きなルール改正について説明しましょう。

まず、アンテナ設置ですが、これは1970年にサイドラインの判定を明確にするために設置され、'77年に現在の位置まで狭められます。これによって平行トスの幅が狭くなり、高さよりコンビネーションを武器にしていた日本に不利なルール改正となりました。

また、同じ年に、ブロックを打数にカウントしないという大きな改正も行われました。やはり、高さで勝る国がより有利なルール改正のようです。

リベロとラリーポイント制の導入

近年で大きな改正は、レシーブ専門のポジション、リベロが新設されたことと、サーブ権がなくてもワンプレーごとに得点していくラリーポイント制へ移行したこと、この2つです。リベロは、背が高くないプレーヤーでも活躍できるようにとの狙いで導入されました。攻撃やブロックに加わらないため、実際に背の低いプレーヤーもコートで活躍する機会が増えました。

ラリーポイント制への移行は、試合時間の短縮と得点の単純化を目的として行われました。主に中継放送するメディアに向けたものといわれていましたが、試合時間が短縮されることによって、ベテランが長くプレーできるというおまけも生まれたルール改正でした。

ネットの上に白帯の延長で立てられているのがアンテナ

Part 2

基本技術を身につけよう!

PASS【パス】

バレーボールの中でも一番の基本プレー

バレーボールを始めた人がまず一番最初に練習するのがパスです。レシーブやトスもパスの延長線上の技術。安定したパスを出せるようになることはプレーするうえでの必須条件ともいえるので、とにかく練習を重ねることが大切です。

また、良いパスが出せるようになるためにはフットワークも重要。ボールの下にすばやく入り、体全体を使ってボールを上げられる位置まで動きましょう。

パスの基本

1 正面に入る

まずは、ボールの正面に入ることが大原則。正確なフォームでパスを返すためにも、すばやくボールの落下地点に移動しましょう。パスの前後にセッターやアタッカーなど、他の選手の動きが見える余裕を持てるようになることがベストです。

2 低い姿勢で

ひざを折って、低い姿勢からボールを送り出すのが基本。突っ立ったままの姿勢ではボールがうまくコントロールできません。あごが上がっているのもよくない例のひとつです。沈み込むくらいの低い姿勢から上げられるようにしましょう。

3 正確に目標に返す

パスをするうえで一番大事なのは、目標に対して正確に返すこと。そのためにも、ひじや手首のバネも総動員して、飛ばしたい方向へと集中してボールをコントロールしてください。繰り返し練習して、思い通りの場所に返せるようにしましょう。

DVD 1-1

オーバーハンドパス

1 足幅は肩幅よりやや狭めにし、どちらかの足を前に出す

2 膝を曲げて、沈み込んでボールをとらえる準備をする

Point
手で三角形を作る気持ちで

指の力を抜き、顔の20センチくらい前で三角形を作り、親指・人差し指・中指を中心に、包み込むようにしてボールの勢いを殺します。わきを閉めると、強い球にも対応できます。いいパスは回転しないで飛んでいきます。回転を止めるよう、一度持つような感覚で。

モトコ Check!

腰より高いボールをパス

腰よりも高めのボールには、素早く下に回り込んで、オーバーハンドパスで受けましょう。とれるボールに対してはオーバーハンドパスで返すことをおすすめしたいほど、大切です。コントロールしやすいですからね。

3 ボールを引きつけ、とらえたら力を抜いて包み込むようにしてボールの勢いを殺す

4 ボールの送り出しはひざ・腰・ひじ・手首といったすべてのバネを総動員する

バレーボールのすべてのプレーの基本

体の正面、額の中央でボールをしっかりと包み込んで勢いを殺し、体全体のバネを使って目標に向けて送り出します。手だけでパスするとねらったところにいかなくなるので、ひざを使って「沈み込んで体全体であげる」ことが大事です。

そのためには、すばやいフットワークで確実にボールの下に入ることが大前提。体だけボールの下に入るのではなく、必ず足を運んで。

DVD 1-2

アンダーハンドパス

1 両足の間隔は若干広め。ひざを十分に曲げて待つ

3 低い位置でボールの下に入り、ひじを伸ばして「面」でボールをすくい上げる

悪い例
立ち上がったまま手だけでボールを上げるのはNG

ひざが伸びきって、立ち上がったままボールの落下点に移動するのはダメ！ あごもあがっていて、腕だけでボールを上げています。これではボールのコントロールができません。

ボールをきちんと受けて、体全体で運ぶ

　腰から下に来る低いボールや、スパイクを拾う時に使うのがアンダーハンドパス。ひざを十分に曲げて前傾姿勢をとり、下半身ごと伸びて、体全体でボールを目的の場所まで運びます。手元は、指と指を組み合わせたり、握った両手をそろえるよりは、両手を軽く重ねる方がおすすめ。ボールが来た瞬間に組みやすく、次のプレーにも入りやすくなります。しかも、ボールがヒットした時に安定します。

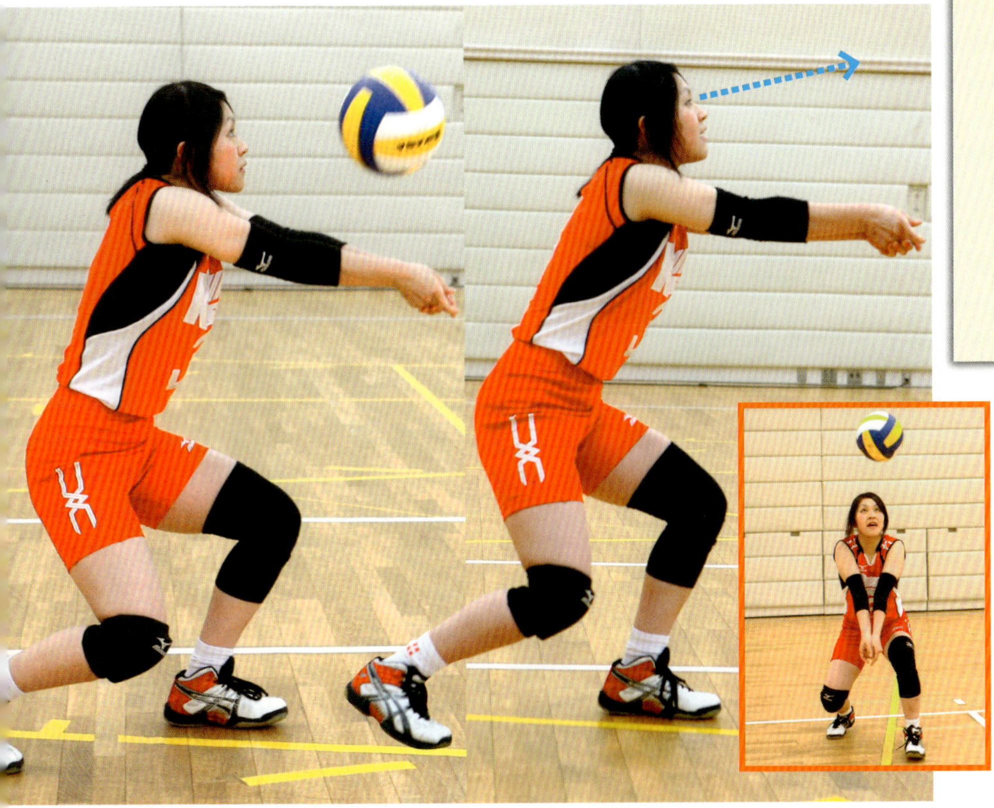

4 体の正面でボールをとらえ、足で前に出てボールを運ぶ

5 強打にはひじをやや締めて。ボールから、最後まで目を離さないこと

モトコ Check!

ボールが当たる場所は一定に

　ボールが当たる場所を一定にしておくとコントロールがしやすく、上達も早くなります。基本は手の付け根、手首です。どんなボールが来てもここでミートできるよう、繰り返し練習して体で覚え込みましょう。

サーブレシーブ

1 ボールの流れを読んで、落下地点にすばやく移動

2 落下地点に入ったら腰を落として体勢をととのえる

Point

実際にバケツを使って感覚をつかもう

サーブレシーブはバケツの中にボールを入れるイメージ。正面で受け取らないとうまく入れることはできませんし、ちゃんと衝撃を吸収しないとはじいてしまいます。実際にバケツを使って感覚をつかみましょう。

すべての攻撃の起点、サーブレシーブ

　実際の試合の中で、その出来不出来が勝敗を左右するといっていいほどに重要なプレーです。相手サーバーとの勝負のつもりで臨みましょう。なるべく早くボールの落下地点を予測し、ボールの正面に移動します。そして、セッターのいる位置に正確に返すことが大事です。自分とライン、前後左右の選手との距離もとても重要になるので、常に感じられるようにしましょう。

3 バケツに入れるイメージで衝撃を吸収

4 セッターがボールを上げる位置に向けて送り出す

モトコ Check!

サーブレシーブはメンタルプレー

　サーブレシーブは７割がメンタルの勝負といわれるほど、精神面の強さが大事。「私の方に来ないといいな…」などと弱気になっていると必ずつけ込まれ、ミスが生じます。むしろ「持ってこい!」と自分に暗示をかけるくらいのつもりで。

Part 2 基本技術◎パス

DVD 1-3

移動してからのサーブレシーブ

1 実際に動く前にボールの角度や球質などを予測

2 ボールの落下点に移動し、外側の足を一歩前に出し、ひざを折る

Point

ボールが落下する地点を早く正確に見極める

移動しながらサーブレシーブをする時は、ボールの落下点をできるだけ早く正確に見極めることがポイント。前後のプレーヤーとの距離を把握しておき、どんなサーブの時も腕と体の角度を変えずにレシーブしましょう。

落下点を予測し、フットワークよく

サーブの打球はいつでもレシーバーがいる位置に落下してくるわけではありません。むしろ、コートの人がいないところが狙われることもあり、ボールを追うために移動してサーブレシーブを行うことが多くなります。ボールが放たれたら、前や横など、落ちる場所を予測して動きましょう。いつでも動けるよう、軽快なフットワークが必要です。また、構えはいつでもサーバーに対して正面に。

3 腰を落とし、できるだけ低い位置でボールをとらえる

4 体のバネ全体を使ってボールを上げ、1、2歩進む

モトコ Check!

必ずコート内側に返そう

ボールをコートの外に弾き出さないためには、常にコートの内側に返す意識が必要。体をセッターの方向であるコートの内側に向け、外側の足を一歩前に出します。自分がレフト側の時は左足、ライト側なら右足を出して。

スパイクレシーブ

1 足は前後に開き、サーブレシーブより低い構えで

2 体全体を使ってレシーブするつもりでボールに向かう

Point
低い前傾姿勢で、ボールが来たらすぐに飛び出せるように

　サーブよりも強い打球を返すスパイクレシーブは、体の前に重心をかけて構えます。この低い前傾姿勢なら、ボールが飛んできたら、すぐに飛び出せるはず。最初から転んでとるより、できるだけ走って返球する心構えで。

低い構えでスパイクコースを予測する

スパイクレシーブは、サーブレシーブ以上の低い構えが必要。スパイクコースを予測し、体全体で受け止めるような感覚でレシーブしましょう。腕を振らず、両ひじをしぼって球威を殺すのが大事です。相手のスパイクが強打であればあるほど、ボールに対する恐怖心が起こるもの。しかし、顔をそむけたり、目をつぶったりしていては返球できません。恐怖心をなくすためには練習あるのみです。

3 両手を板のようにしてボールをとらえる

4 レシーブの瞬間は両ひじをしめて強打に負けないように

モトコ Check!

相手をよく見て予測する

スパイクコースを予測するためには、相手チームの動きをよく見ること。セッターのトスやアタッカーの体の向きと目線、そしてスイングの仕方を見て、レシーブのコースをとります。また、味方との連携も大切です。

たいこやき

1 両手を伸ばし、体を低くしてボールに食らいつく

4 もう我慢できない地点で転び、ボールの行方を追う

5 ボールを確認しながら、ひじ、腰、足を床につける

モトコ Check!

タオルを使った練習方法も

「より早く確実にボールを拾えるように」と考案された「たいこやき」。タオルの端を持ち、反対側をチームメイトに引っ張ってもらって回転してみるのも、半回転で起き上がる動きを身につける練習方法のひとつです。 ➡詳しくはDVDで

日本で生まれた、半回転レシーブ

回転している間にボールの動きを見失いがちなローリングレシーブと比較して、すぐに次の動きに移れるのが「たいこやき」。半回転で起き上がれるため、目でボールの行方を追うことができます。

実はこのレシーブを考案したのは、元日立の故山田重雄監督。リスクやダメージも少なく、素早く次のプレーに移れるのが最大の特長です。また、体にもやさしい受け身なので安心。

2 通常のスパイクレシーブ同様、低い位置でレシーブ

3 我慢の限界まで転ばないようなイメージで

6 体の半分で受けるような体勢で転ぶ

7 ボールにタッチした方の肩→背中の順で床につく

8 半回転で起き上がる。すぐにボールの行方を追って

ローリングレシーブ

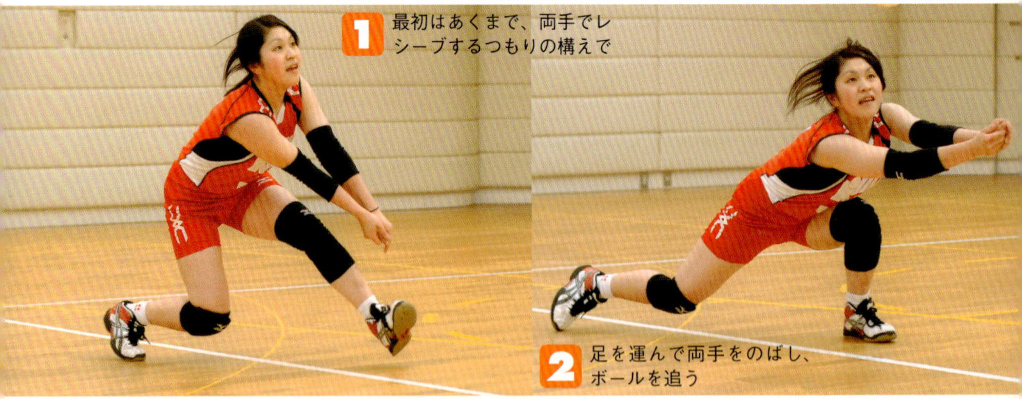

1 最初はあくまで、両手でレシーブするつもりの構えで

2 足を運んで両手をのばし、ボールを追う

4 片手をのばし、ボールに追いついて手を入れる

5 片手を精一杯のばしてレシーブ。ボールの方向を見る

モトコ Check!

床と仲よくなるのがコツ

自ら転ぶのは恐怖心が伴いますが、できるだけ低く構え、何度も回転の練習をして、床と仲よくなることで克服しましょう。また、できるだけ早く立ち上がって次のプレーに備えるために、回転は小さめに。

素早い判断と体勢で、最後まであきらめずに!

「回転レシーブ」とも呼ばれ、昭和30年代に日本で誕生したレシーブ。相手スパイクのコースの読みが外れたり、不意にフェイントされたりして、どうしても両手でレシーブできない状況の時に、体を斜め横に投げ出し、転んで飛びつき、ボールを上げ、回転します。写真の例は横回転ですが、頭を中心に後転する場合も。飛びつかなくては届かないボールを体を守りながらレシーブします。

3 どうしても両手では無理だと判断したら、転ぶ準備を

6 レシーブ後は、できるだけ早く起き上がる体勢に

7 走ってきた勢いで、そのまま回転する

8 ボールの行方を目で追いながら、横回転して起きる

9 起き上がった後もボールを目で追い、次のプレーに

SERVE
［サーブ］

すべてのゲームはサーブから始まる

バレーボールの試合はサーブから始まります。一番最初にボールを打つプレーであり、バレーボールの中で唯一、個人で行う動作。そして、たった一打で得点につながる最大の攻撃手段です。

サーブにはアンダーハンド、サイドハンド、フローターなど、様々な種類があります。それぞれの好みや体格、体力などに応じて、自分に合ったサーブを見つけましょう。

サーブの種類

アンダーハンドサーブ

Under hand serve

初心者が最初に打つサーブ。ボールを下からすくい上げるので、力のない人でも上に上がりやすい。トスを上げない分、打ちやすいが、打球は山なりでスピードも出ない。脚の重心を落とし、腕の振りと体のバネを使って打つ。

サイドハンドサーブ

Side hand serve

ネットに対してやや横向きに構えて打つサーブ。高い打点で腰の回転と体重移動を利用してスイングするため、腕の力がない人も変化をつけられる。遠くから打つほど変化しやすくなるのが特長。逆に近くから打つとスピード出る。

フローターサーブ

Floater serve

上級者にも打つ選手が多い、最もポピュラーなサーブ。正面を見て、ボールの中心を押し出すように打つ。近くで打つと、ネットスレスレのねらい打ちも可能。一方、遠くから打つと、サイドハンドサーブ以上の変化がつけられる。

ジャンピングフローターサーブ

Jumping floater serve

フローターサーブとジャンピングサーブの中間のイメージ。助走しながら打つフローターサーブ。高さとパワーに自信のない人も、スピードのあるサーブが打てるのが特長。しっかりした助走をつけて踏み切ることがポイント。

アンダーハンドサーブ

1 ネットに対して正面を向き、右足を一歩後ろに引く。

2 ひざを曲げ、右手を軽く握り、腕を後ろに引く

✕ 悪い例

中心を正確にとらえるためにボールを上げない

ねらい通りの場所にコントロールよく打つには、ボールの中心をとらえることが大事。ボールを上げてしまうと、正確にとらえるのが難しくなるので、左手はボールを上げずに離すイメージで。

初心者や力のない人も打ちやすいサーブ

初心者の人がまず一番初めに打つのがアンダーハンドサーブです。打球は山なりで威力も弱いですが、フローター（➡P60）やサイドハンド（➡P58）に比べ、トスを上げない分しっかりとミートできるのが特長です。まず、足を前後に開いて、しっかりと重心を下に落とします。そして、伸び上がると同時に腕をスイングし、すくい上げるようなイメージで打ちます。

3 打つ寸前まで左手はボールを離さない

4 手の中心にボールを当て、ボールを運ぶように打つ

5 手だけの力にならないよう、ひざを使ってゆっくり運ぶ

モトコ Check!

握りこぶしは軽めに

最初は手の形を「グー」にする人も多いのですが、力のない人はやや軽めな握りこぶしを作り、ボールの下から当てます。相手コートの前の方にコースをねらって打ちたい場合は腕の深いところにボールを当てるように。

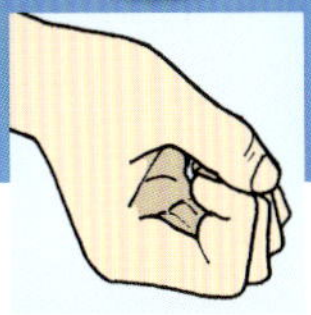

サイドハンドサーブ

1 トスを上げると同時に、右手を後ろに引く

2 トスは1m以上上げないようにする

3 左足を踏み込んで、体全体を回転させる

モトコ Check!

常に正しい位置でミートを

サイドハンドは常に同じ位置にトスを上げ、体よりもやや前でボールをとらえると、力強いサーブになります。自分自身のポイントを見つけ、常に同じように打つことが大切。打つ位置がおかしいと失敗の原因となります。

変化しやすいので、遠くから打つと効果的

身長が低かったり、腕の力が弱くても変化をつけやすいのがサイドハンドサーブです。比較的、安定感があり、ヒットポイントを変えることで変化をつけられるのが特徴。加えて、遠くから打つと、ボールが重くなります。一方、近くから打つと、狙いやすくなり、ボールのスピードが出るというメリットもあります。それぞれのメリットを目的や状況に合わせて使い分けましょう。

4 手を軽く握り、ひじの裏から手首までの間に当てる

5 腰を使い、体全体でボールを運ぶように腕を振る

Point
ヒットポイントで変化をつける

安定したトスを上げられるようになったら、ヒットポイントを少しずつ変えてみましょう。いろいろな変化をつけることができます。

DVD 2-3

フローターサーブ

1 右足を一歩下げ、正面を向いて構える

2 打つポイントは常に自分の体の斜め前に安定させる

全日本選手やVリーガーも使用するサーブ

フローターサーブは、Vリーガーなど上級者も使う、スパイクを打つ動作の基本にもつながるサーブです。サイドハンド（➡P58）同様、トスが大事ですが、真正面に構えるため、より正確に上げやすいはずです。下のほうからトスを上げるとポイントがブレるので、トスをあまり高く上げずに打つという方法もあります。体重を乗せるために、体の前で打ちましょう。

3 スパイクを打つようなモーションで

4 手のひらを巻き込むような感じで打つ

5 バシッと音がすれば成功。コースをねらおう

モトコ Check!

自分なりの「間」を持って

ホイッスルが鳴った瞬間に早打ちをしたり、逆に、8秒間ギリギリまで待ってみたり、または向いている方向と逆に打ったりできるのがフローターサーブ。自分なりの「間」を持って、打ってみましょう。

Part 2 基本技術◎サーブ

DVD 2-4

ジャンピングフローターサーブ

1 しっかり助走するため、集中

2 トスの位置、高さなどを意識

3 ステップしながらトスの準備

4 左足で踏み切りながらトス

低い位置からも打てる、スピードあるサーブ

フローターサーブ（➡P60）とジャンピングサーブ（➡P120）の中間に位置するのがジャンピングフローター。助走して打つフローターです。ジャンピングが高さとパワーが必要なのに比べ、低い位置からでもスピードのあるサーブが打てるので、最近、身長が低めの選手などにとても人気があります。しっかりとした助走をとることと、ボールを上げて打つタイミングが非常に大事になります。

5 フローター同様、ボールを捕えるポイントを正確に

6 タイミングを合わせてしっかりと打つ

7 着地した後でコート内に踏み込むのが理想

モトコ Check!

幅を取ることで勢いが

ジャンピングフローターサーブは、ジャンプする時の「幅」が命。高さよりも幅を意識して前に跳ぶことにより、一層ボールに体重が乗り、勢いが出ます。ただし、最初は速いサーブを意識せず、コースを重視しましょう。

TOSS【トス】

レシーブを攻撃につなげる大切なプレー

上がってきたレシーブを攻撃につなげるのがトス。セッターが中心になって行うプレーですが、レシーブが乱れた場合などに備えて、他の選手もある程度できるようになっておくことが必要です。

トスの種類には、オープントス、平行トス、クイックトスなどがあります。セッターには、状況に合わせてゲームを組み立て、トスの種類や方向を瞬時に判断して決められる技量が必要になります。

トスの基本

右手と右足を軸にし、ネットからボール1個分の位置に立ちます。ネットと並行になり、ボールがどこに来るのかを読み、落下点を見つけましょう。ひざを軽く曲げて、ひじは自分の肩よりも必ず上に。額のところにボールを持って、なるべく上目づかいで上げること。大切なのはできるだけ早くボールの下に入ることです。

バックトスを除き、体と腕、そしてつま先をボールを上げる方向に向けるのが基本。ボールは額のあたりでとらえます。ネットと平行になり、ひざとひじの力を使ってボールを飛ばしましょう。

体がネットと平行になっていないし、腕を伸ばしたままの状態で、手の形もできていません。さらに、ひざも曲げずにつっ立ったまま。これでは、思うところにボールを上げることは難しくなります。

オープントス

1 ネットを背にして、右手と右足を軸にして立つ

2 足幅は狭く、左足は添えるだけの状態で

3 ネットと並行になり、上げる方向に体を向ける

4 ひざを曲げて沈み込むような体勢に

Point

アンテナの上から下に落ちてくる感じで大きな放物線を描くことを想定し、体全体で飛ばす

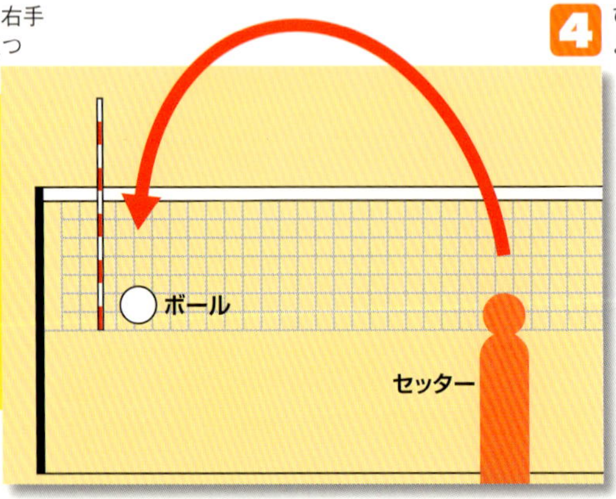

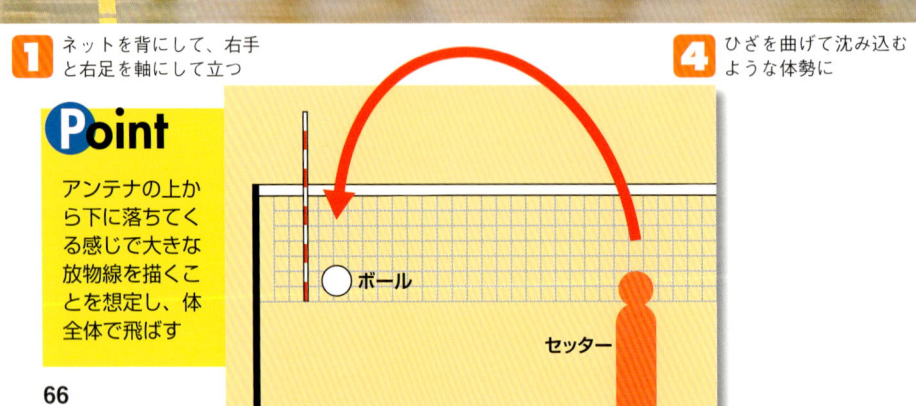

実はいちばん難しい、エースへの最良のトス

レフトアタッカーへのトスですが、逆サイド(ライト)に上げる場合もあります。初心者がまず、最初に練習するトスであり、実は一番難しいトスでもあるので、基本がしっかりできていることが大切です。ネットの両サイドにあるアンテナを目がけ、オーバーハンドパス（➡P40）と同じ要領で球足の長い打球を上げます。それぞれのアタッカーが打ちやすい打点を意識しましょう。

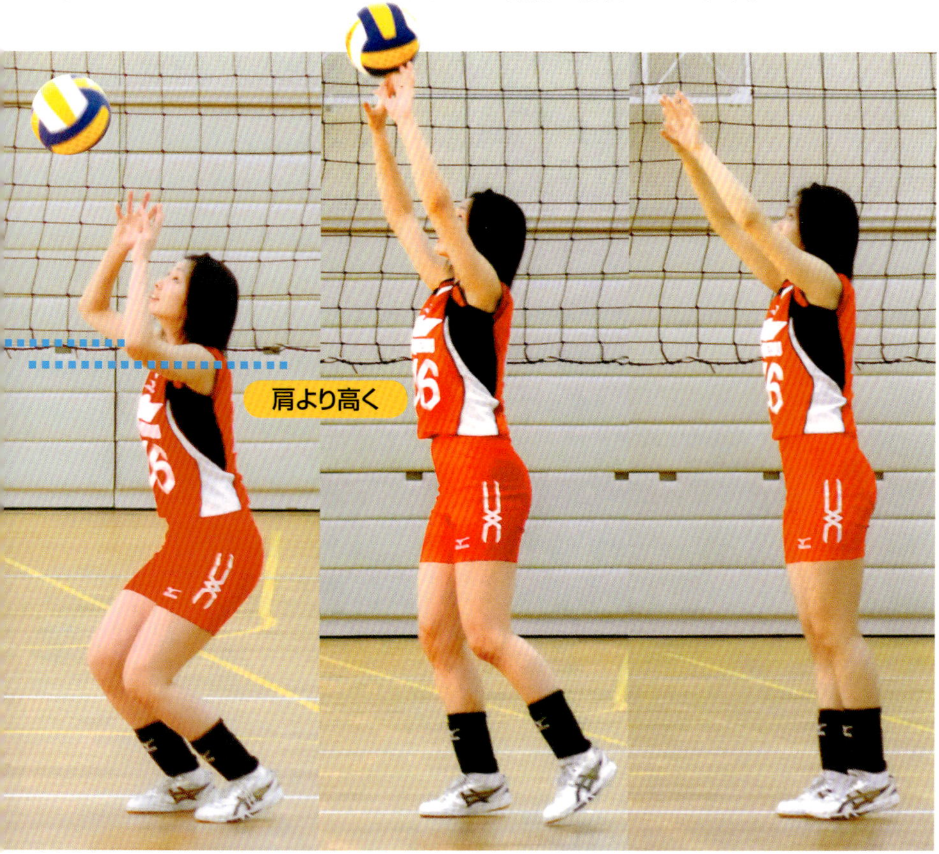

5 ひじが自分の肩より落ちないことを意識する

6 強めのオーバーハンドパスを上げる要領で力強く

7 トスを上げたら、ブロックのフォローに行くこと

モトコ Check!

ボールの下に早く入る

まずはボールの下に素早く入ること。手だけで上げてしまうのは、ボールの落下点にきちんと入れてないから。そして、「ベタ足」といわれる足が床についたままの状態はダメ。かかとを浮かして常に動けるように。

バックトス

1 最初の構えや立つ位置はフロントトスと同じ

2 足は肩幅くらいに開き、やや前傾姿勢で上目づかいに

3 ネット側の足を前に出し、ひざを十分に折る

悪い例

体が反った状態や腕が斜めになったままでボールを取らない

体を反ったり、腕の構えが斜めになっていたり、ボールをとらえる位置が前過ぎたりすると、バックトスを上げようとしていることが相手にばれてしまいます。あくまで、ぎりぎりまでフロントトスと同じフォームで。

相手の裏をかくトス。手首をうまく使って

前方に上げる通常のトスは逆に、セッターが背面に向かって上げるトス。相手のブロックを引きつけておいて、裏をかくのが目的なので、ギリギリまでバックトスであることを見抜かれないようにすることが大切。ボールのキャッチまではフロントトスと同じフォームで、その後、手首と体を使って後ろにやさしくボールを運びます。アンテナの手前に落ちるようにするのが目安です。

4 キャッチするまではフロントトスと同じフォームで

5 全身を使ってやさしく後ろに持っていく

6 相手ブロッカーが1枚になれば、成功

モトコ Check!

アタッカーとの距離感を養う

バックトスの場合、アタッカーが自分の後方にいるため、自分とアタッカーとの距離がわかりません。正面のアンテナを目印に距離を割り出しましょう。この感覚を養うために、最初は楽な球から練習を。

クイックトス・平行トス

1 それぞれの場所に同じフォームでトスする

モトコ Check!

A～Dを効果的に使う

クイックはA・B・C・Dの４種類。前方斜めに短く出すのがA、セッターの位置から１～3m離れたところに出すのがB、バックトスの短めがC、長めがDです。場面に応じて、効果的に使い分けてくださいね。

速さが命! 手首のスナップをきかせて

A・B・C・Dなどのクイック攻撃（➡P88～91）のために上げるクイックトスと、ネットの白帯に沿って送り出される平行トス。どちらも速さを武器とするので、手首のスナップをきかせて、低いボールを素早く送り出します。

クイックトスはセンター攻撃に、平行トスはレフトやライトからのサイドの攻撃に使います。攻撃パターンを増やす意味でも有効なトスです。

1 ネットの端にあるアンテナを目標にボールを送り出す

モトコ Check!

なるべく強い球を

手首のスナップとひざのバネを使って、ボールをすばやく押し出します。平行トスはとにかく低く速くがテーマです。なお、ボールの軌道が落ちないように逆回転を加えるといいでしょう。

二段トス

モトコ Check!

ロングパス練習も有効

　二段トスはできるだけ、アンダーではなくオーバーで上げるのがベター。オーバーで長い距離を飛ばすためには、9mのロングパス練習が有効です。

1 素早くボールの落下点に入る

2 基本的にエースのいるレフトに向けてトスを上げる

3 自分の肩よりもひじが下がらないように気をつける

セッターの定位置に行かなかったボールをトス

セッターの定位置に行かなかったボールを、アタックライン近辺より後ろの位置からトスするのが二段トス。より遠くに飛ばす必要があるため、オープントス以上に体全体を使ってトスを上げます。とにかくできるだけ早くボールの下に入り、アタッカーが余裕を持って打てるよう、球足の長い山なりの高いトスをゆっくりと上げましょう。間に合わない場合はアンダーで上げることも。

4 手だけにならないよう、ひじとひざを一緒に使うこと

5 ジャンプはせず、高いボールをゆっくりと

× 悪い例

つっ立ったまま、手だけで上げると、距離も高さもなくなります

二段トスの場面では、アタッカーは2枚ブロックを打ち抜くしかない状況ですから、とにかく丁寧に上げること。つっ立ったまま手だけで上げると距離も高さも出ないので、ひざとひじを一緒に使いましょう。

モトコラム

今までおつきあいした監督たち

菊間先生、山田先生。個性の強い、名物監督ばかり

バレーの厳しさを教えてくれた菊間先生

現役時代に指導してもらった監督のみなさんは、本当に個性的な方ばかりでした。中学の部活の顧問だった作道講一郎《さくみちこういちろう》先生は、本当は柔道が専門で、バレーボールは指導書と首っ引きで教えてくれました。でも、別のコラムでも書いたように、大きいだけでサボってばかりだった私に、練習の大切さを身をもって教えてくれた方です。

八王子実践高校の菊間《きくま》崇祠《たかし》先生は、春高史上最多優勝を成し遂げた名物監督。最初から技術レベルの高い選手ばかりが集まってきますから、基本はできて当たり前。また、セッターとアタッカーは先生の方針で、常に一緒に行動することになっていたので、文字通り「寝食を共にする」仲で（全寮制でしたからね）、おかげで呼吸もぴったりでした。この時のセッターは、インドア、ビーチバレーで4回オリンピックに出場したユッコこと高橋有紀子選手。一緒に頑張った彼女とは、今でも仲良しです。

八王子実践高校　菊間崇祠監督

菊間先生は独自の指導論をいっぱい持っている方ですが、全体に目配りすることができて、頑張っていればチャンスは必ずくれる監督でした。その代わり、やる気がなければ容赦なくたたき出されます。私も「大林! そんな風にだらだらやっているんだったら、コートから出ろ!」と叱責され、いたたまれなくなって体育館を後にしかけたこともあります。でも、ここで引き下がったままでは、先生に「やる気がないんだな」と見られてしまうんですね。だから、はいつくばってでもコートに残り、プレーし続けたいという気持ちを表さなければなりません。私も恥ずかしさをこらえ、体育館に戻ってボール拾いなどでアピールし、その日

の最後にはやっとコートに戻ることを許されたのです。学年の上も下も関係なく、ただ実力でポジション争いをするので、お互いのライバル意識は強烈でした。

山田先生は私を育ててくれた大恩人

日立と全日本の監督だった山《やま》田《だ》重《しげ》雄《お》先生は、中学時代の私を見いだし、世界への視点を教え、育ててくれた大恩人。全ての情熱をバレーボールに捧げた、かけがえのない存在といえるでしょう。情熱、知識、カリスマ性。あれほどの人は、もう出てこないかもしれません。時代を先駆けてバレーボールという競技を研究し尽くして、試合や選手のデータを徹底的に分析し、独創的な戦術を編み出しました。私たちを飽きさせないように練習方法も工夫し、新しい才能を見い出すことにも積極的で、いろいろな改革にも取り組んでいったのです。

山田先生は、相手チームのデータを徹底して集め、分析してその対策を立てていました。現在では、コンピュータを駆使し、専門のアナリストが複数チームに帯同するのが当たり前のこととなっていますが、20年以上前からそれをさきがけてやっていたのです。

また、選手への目配りもきめ細かく、たとえばシューズの裏をチェックして、外側がすり減っている選手には、踏切の際の重心のかけ方が間違っているということで、フォームの見直しをアドバイスされたりといったこともありました。

日立、全日本監督をつとめた
故山田重雄監督

SPIKE
【スパイク】

バレーボールの中で一番得点につながる攻撃

スパイクはバレーボールの攻撃の柱。もっとも得点につながる、華やかなプレーです。打ち方は強打からフェイントまで様々で、アタッカーはどんなボールでも自在に打ち分けられる技術を身につけることが必要になります。

スパイクを打つ上で重要なのはフォーム。一度変なクセがついてしまうと、矯正するのが困難になるので、初心者のうちから基本をしっかり身につけましょう。

スパイクの基本

1 ステップ

スパイクはきちんとした助走とステップの形があって初めて打てるものです。助走は、右利きの場合は「左、右、左」の３歩または５歩助走で。ジャンプしやすいように歩幅はコンパクトに。最初はボールを使わずに練習して形を作りましょう。

2 腕の振りあげ

ジャンプをする時、同時に腕を振りあげます。この腕の振りの勢いも利用するとより高く跳ぶことができます。ポイントは脇をしっかりしめること。一度長座の姿勢から腕を振り上げることでお尻を浮かせ、振り方を確かめてみましょう。

3 とらえるポイント

スパイクを打つ瞬間は、ひじをまっすぐに伸ばし、高い打点でボールをとらえます。そして、ボールの芯を手のひら全体で叩きつけます。強いスパイクを打つためには、手首のスナップを使い、空中で手首を返すように打つことも重要です。

オープンスパイクの基本

モトコ Check!

助走の勢いでより力強く

助走のタイミング次第でスパイクを打つ高さや球質も変化します。トスが上がって、ひと呼吸置いてから助走をスタートすると、ジャンプの勢いがつき、スパイクの威力も増します。

1 ボールがセッターに返る前から助走の準備をしておく

2 オープントスが上がったら、トスを見ながら助走開始

3 両手を後ろに振り上げ、その力も利用するように

4 左、右、左の3歩ステップを踏み、切れよく、高く踏み切る

真っ向勝負で挑む、エースの強打

両サイドからフルスイングで打ち込む強打のスパイク。エースのパワフルなスパイクで得点したい時に使います。シンプルでありながら、決まると鮮烈な印象が残り、「バレーボールの華」ともいえるプレーです。

基本は大きくわけて、クロス打ちとストレート打ちの2種類。コースの打ち分けができるようになると、面白さも倍増するでしょう。

5 バックスイングで体を弓なりにして、ボールに向かう

6 高い打点でボールをとらえ、手首のスナップをきかせて打つ

7 ひざのクッションを使って、必ず両足で着地する

DVD 3-5

オープンスパイク（クロス）

1 勢いよく助走し、切れよく踏み込んで、ジャンプする

2 腕を振り上げ、バックスイングで体を弓なりに

3 レフトならボールの左側を叩きつけるように打つ

Point

サイドから対角線上に打ち込むのが基本。助走は3歩助走または5歩で。ネットに対して上体をやや内側に向けて打つのがベスト。踏み切りの時に外側の足を軸にして跳ぶこと。

高さを生かしたオーソドックスなスパイク

レフト・ライトの両サイドからフルスイングで対角線上に打ち込む、足の長いスパイク。スパイクの中では最もオーソドックスな形で、エースが真っ向勝負を挑む時に使います。高さとパワーがあり、強打であることが特徴です。

ストレートとの大きな違いは、ボールのヒットする位置とスパイク後の腕の振り下ろし方。ボールの中心よりも左または右側を叩き、その逆側に振り下ろします。

4 打ち終えたら、スパイクした腕を右側に流すように

5 着地は必ず両足で行う。ひざのクッションを使って

モトコ Check!

鋭角なコースを狙って

まっすぐにボールの上から叩きつけるストレートに対して、クロスは打つポジションにより、ボールの左右どちらかの側を叩きます。また、打つ時に内側から親指を巻き込むと、コースがより鋭角になります。

DVD3-5

オープンスパイク（ストレート）

1 ネットに対し、やや正面を向くように構える

2 クロスよりもやや内側から助走してジャンプする

3 そのまま切れよく踏み切って、ボールをとらえる

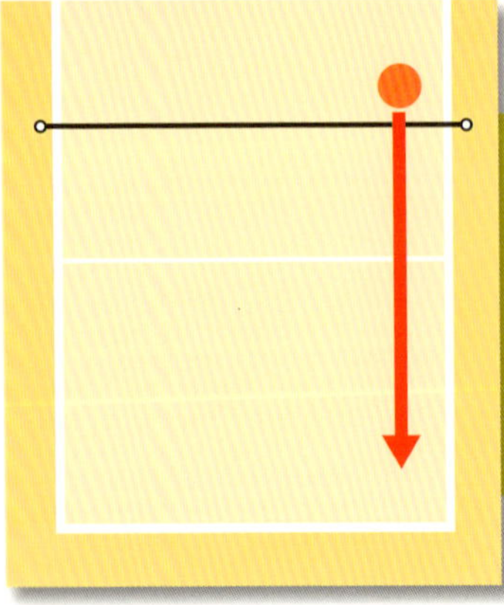

Point

上体はややネットと正対するような感じで助走を開始し、そのまま踏み切って打つ。中級以上のレベルに上達してからは、助走の段階からクロスに走るふりをして相手をだますことも。

サイドラインのギリギリをねらうスパイク

ストレートはサイドラインギリギリをねらうオープン攻撃。スパイクコースは文字通りまっすぐにサイドをねらうので、クロスに比べラインを超えやすいというデメリットがあります。しかし、クロスよりも距離が短いため鋭角になり、レシーブしにくい場合があるのがメリットです。助走はクロスよりもコートのやや内側から入り、そのまま踏み切って打ちましょう。

4 全体重を乗せ、重くて鋭いスパイクを打つ

5 着地はひざのクッションを使って、必ず両足で

モトコ Check!

クロスを向いてストレートも

体はクロスの方法を向けながらストレートを打つ方法もあります。腕を交差させるようにして、まっすぐのストレートに。ボールの正面か、やや右寄りを打ってください。前にブロッカーがいる場合などに有効です。

Part 2 基本技術◎スパイク

DVD 3-4

効果的なフェイント（プッシュ）

Point 4種類の攻撃バリエーション

プッシュ	ボールの真ん中を押し、運ぶように打つ
タッチ	上から叩くようにして、すばやくボールを落とす
フェイント	やわらかくボールを置く
ハーフ	強打とフェイントの中間くらいのスピードで打つ

モトコ Check!

フォールディングに注意

スパイクを落とす方向は、指先でボールの勢いを止めるようにコントロールします。この時、フォールディングをとられがちなので、あくまでもボールを持つ寸前のところを押すように注意してください。

1 両手を後ろに振り、スパイクするように助走する

2 オープンスパイクと同じフォームでジャンプする

強く打つと見せかけて、相手の裏をかく

強打すると見せかけて、相手ブロックの後ろの空いているところなどにポトリとボールを落とす攻撃のバリエーション。プッシュ、フェイント、タッチ、ハーフなどの種類がありますが、ここではプッシュを例にとって紹介しています。

ただし、これらの攻撃は、相手に読まれると簡単にレシーブされてしまい、逆効果。相手のフォーメーションをよく見て、効果的に利用しましょう。

3 バックスイングし、ミートの前に力を抜く

4 相手ブロックを意識して、手でコントロール

5 前にいるレシーバーの後ろをねらって、ポトリと落とす

クイックの基本

モトコ Check!

速さとテンポが大切

クイック攻撃のトスはネットに近くなるため、助走をコンパクトに。相手に攻撃を悟られる前に速く、テンポよく動きましょう。とにかく威力よりもスピードが大事なので、スイングもコンパクトにすることが大事です。

1 相手に悟られないよう、助走はコンパクトに

2 より高く跳ぶためにも、両足で強く床を蹴る

3 トスのボールがセッターの手を離れる前にジャンプ

相手ブロッカーをかく乱させる速い攻撃

クイックは文字通り速いスパイク。トスよりも一瞬速くジャンプし、空中でボールを待って、すばやく打ち込みます。相手のディフェンスをかく乱させる効果があり、速ければ速いほど相手ブロッカーやレシーバーが対応できなくなります。

クイックにはA・B・C・Dの4種類がありますが、どれもセッターとの「あ、うん」の呼吸が大事。上がってきたトスをタイミングよく打つ練習が必要です。

4 空中でボールを待っているタイミングで

5 打点はオープンスパイクよりもやや前方でとらえる

6 ネットにふれないように気をつけて両足で着地

DVD3-6

Aクイック Bクイック

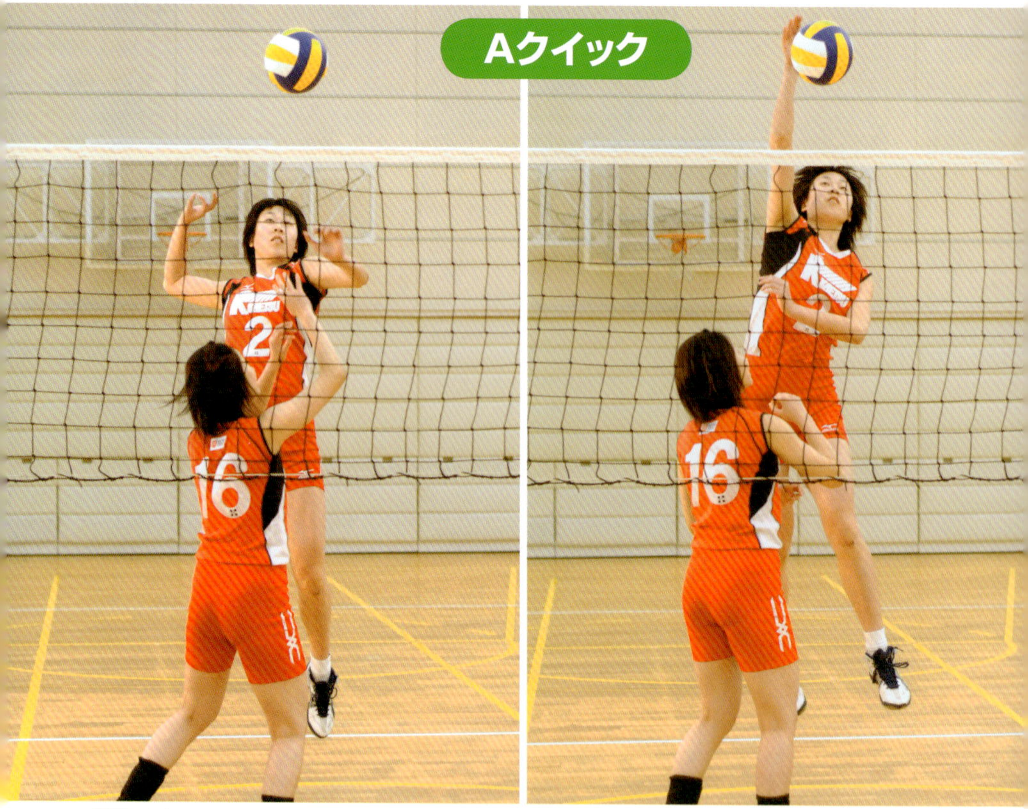

1 空中でいち早く打つ形を作ってトスを待つ

2 トスが上がった瞬間にはたき込むように打つ

モトコ Check!

とにかくコンパクトに

動きを速くするために、オープンの時よりも腕の振りをコンパクトに。いち早く打つ形を作り、トスを待ちます。スイングする時も〝速さ〟を心がけて、手首のスナップを使ってシャープに打ちましょう。

セッターの前で打つ速攻、動きをコンパクトに

Aクイックはセッターの目の前で、Bクイックはセッターから2mほど離れて打つスパイクです。Aクイックはクイックの中でも一番速い攻撃。レシーバーからセッターにボールを運ぶ時に同時に走ります。そして、トスが上がった瞬間にはたきこむイメージで打ちます。一方、Bクイックは、Aクイックよりも約2mくらい横。ただし、打つ位置はセッターの位置やアタッカーにより異なります。

1
セッターから2mほど離れたところでジャンプ

2
上がったボールをすばやくミートする

DVD 3-6

Cクイック Dクイック

1 セッターの真後ろでジャンプしてトスを待つ

2 スピードを重視して、コンパクトにスイング

モトコ Check!

跳ぶ時に声を出して

C、Dクイックはセッターの背後での攻撃。アタッカーの姿がセッターから見えないため、より声を出すことが重要です。「C!」「D!」など、しっかりと声を出すことで、バックでもタイミングがあいやすくなります。

バックトスからの速攻、声をかけ合って

Aクイックや Bクイックとは逆方向に、セッターのバックトスから放たれるのがCクイックとDクイック。セッターからの距離はDの方がより遠くなります。バックトスを使ったクイックのため、成功すれば、相手をだます効果は抜群。一方で、コンビネーションはより難しくなります。レシーブをよく見て、CまたはDクイックが使えるかどうか判断し、セッターと声をかけあってください。

1 セッターがわかりやすいように、声を出してジャンプ

2 ライト側へのバックトスから、すばやく打ち込む

ブロード攻撃

モトコ Check!

体のバランスが重要

ブロード攻撃は流れていくトスを打つので、それに合わせて体のバランスを保つのがポイント。トスとのタイミングや読みなどすべての要素が求められます。
助走から着地までのスピードが命です。

1 Aクイックの位置あたりから移動をはじめる

2 Cクイックと同じくらいの位置に移動する

流れるようにブロードジャンプして打つ

ブロード攻撃は、「移動攻撃」「ワイド」とも呼ばれています。決まると非常に美しいため、初心者には憧れる人も多い攻撃です。オープンスパイクが両足で踏み切るのに対し、片足で踏み切り、横に流れるようにジャンプして打つのが特徴。跳ぶ位置と着地する位置が異なるため、相手ブロックをかく乱させることができます。空中で体を安定させて打つことが重要なポイントです。

3 さらに、Dクイックの位置近くまで移動

4 左足で踏み切り、ブロードジャンプして打つ

BLOCK

【ブロック】

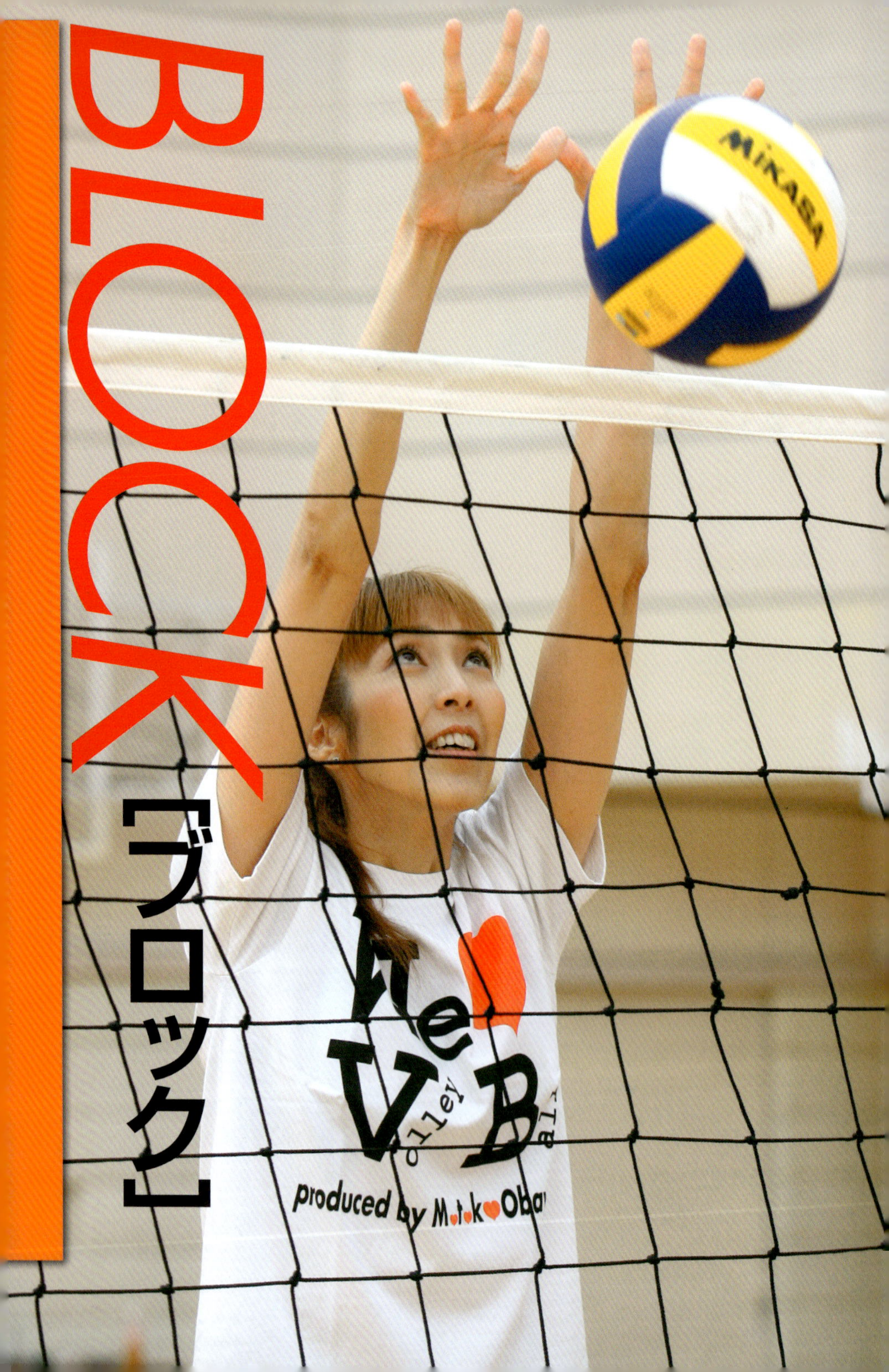

相手の動きを予測し、タイミングをはかって壁を作る

ブロックは、相手がスパイクしたボールを両手でダイレクトに当てて叩き落とすプレー。相手のセッターとアタッカーの動きを予測し、タイミングよく跳ぶのがポイントです。高さがあるに越したことはありませんが、ネットから少しでも指が出ていれば大丈夫。空中で瞬時に判断し、スパイクのコースに壁を作りましょう。フットワークを軽くして、横移動の動きを身につけることが大事です。

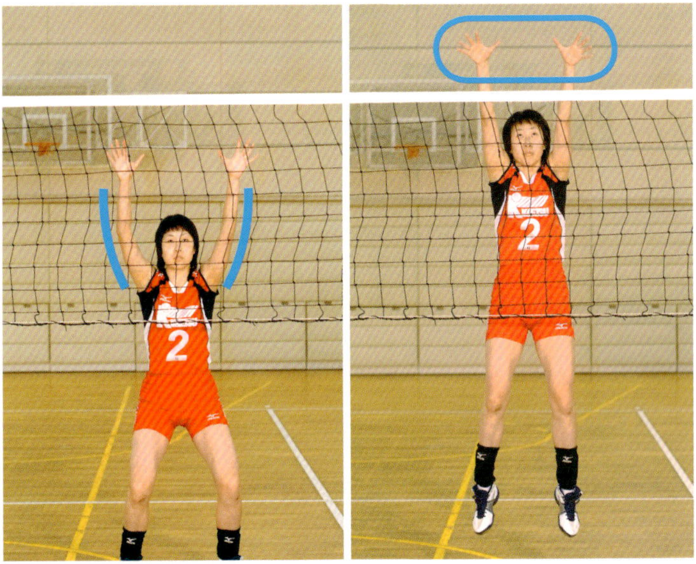

●正面

腕をやや曲げながら上げ、足を開く。足の幅は肩幅より広くなってもよい。相手のスパイクを常に予測し、タイミングよく跳ぶ。突き指防止のため、親指と小指に力を入れる。常に同じ動作で跳べるように

●横

ネットと体の距離は、ボール1個半くらいの間隔で。いつも同じところで跳べるように、正しい距離感を身につける。目線は上目づかいで、肩甲骨を意識して肩から覆いかぶさるような感じで

2人以上の構えと跳び方

1 左に移動する場合は左足からステップする

Point

3人で跳ぶ時もタイミングを合わせて

3人でブロックをする時も、とにかくタイミングを合わせるのが大事。しっかりとタイミングを合わせて空中で手をそろえましょう。タイミングが合わないと弱い部分が生まれて、そこをねらわれてしまいます。

すき間を空けないように跳ぶのが大前提

当然のことながら、ブロックは1人で跳ぶよりも複数の人数で跳んだ方が幅が出て、相手の攻撃を止めやすくなります。スパイクに対しては2枚（2人）以上で止めにいくのが基本です。隣で跳ぶ選手との間にすき間を作らないのが大前提。そしてタイミングを合わせてジャンプし、手のラインをそろえましょう。スパイクコースをよく読み、お互い声をかけあってジャンプします。

2 隣りの選手とタイミングを合わせてジャンプする

3 精一杯両手を伸ばし、手と手を合わせるようにする

モトコ Check!

リーダーを決めよう

複数の選手でブロックに跳ぶ場合、その中のリーダーとなる選手が声を出します。2人の時はサイドにいる選手が、3人の場合はセンターにいる選手がリーダーになって声を出すとうまくいきます。

声を出す習慣をつける

あいさつ

タイムアウトの時

自分の所へ
ボールが来た時

1プレー
終わった時

それぞれに意味がある

選手同士の声出しはプレー同様にとても大事。なぜなら、チームがピンチの時や崩れた時、声を掛け合うことによって立て直せるケースがあるからです。そのためにも普段の練習時から声を出す必要があります。もちろん、ただやみくもに大声を出すのでは意味がありません。ボールが来た時の「自分が捕る」という声や、タイムアウト時にチームのムードを高める声、次のプレーを確認する声など、それぞれどんな声を出すべきか、全員で話しておくとよいでしょう。

次の作戦の確認が大事

最も重要な声出しのひとつは、1プレー終わったあとに選手同士が集まって交わす“次のプレーの確認”。得点した時は「よかったねー」ではなく、「次もこの作戦で行くのか」といった確認をします。失点した場合も、ミスを引きずるようなことは言わず、立て直すための作戦を話しましょう。

ウォーミングアップ

❶ ストレッチ

練習の前に必ずストレッチ（➡P153）を行います。紹介したストレッチは基本的な動作のための準備。筋肉を伸ばしたら、必ず関節を回していきましょう。バレーボールは特に腕・肩に負荷が掛かりますので、回せる関節はすべて回します。しっかり準備ができていないと、ケガをしやすくなります。

魔法のストレッチについて

PNF（Proprioceptive Neuromuscular Facilitation）というストレッチを知っていますか？これは人間の反射作用に着目した運動のこと。例えば自分の限界ギリギリまで開脚した時、筋肉は伸びています。その形のまま足を閉じる方向へ力を入れる（戻そうとする）ことで、筋肉や関節の可動域が広がります。こうしたストレッチも取り入れ、柔軟性ある体を作ることも大事です。

❷ 走る

短い距離のランニングを繰り返し、からだを温めることが重要です。軽いランニングのほか、寝ている状態から起きてダッシュしたり、2ステップやスキップなどのリズミカルな動きを入れたりすると、体のバランス力も鍛えられます。"じんわり汗をかいた状態でボールを触る"という意識を常に持ちながら行いましょう。

まずは軽いランニングでからだを温める
スキップなどのリズミカルな動きも
もちろん軽いダッシュも必要

❸ キャッチボール

肩の回転、腕・手首・ひざの曲げ伸ばしなど、関節を意識してキャッチボール。ミートの練習もこの時に。軽い運動を入念に行い、体を慣れさせることが大事です。たとえ暑い夏でも、10分程度かけてじっくりやりましょう。

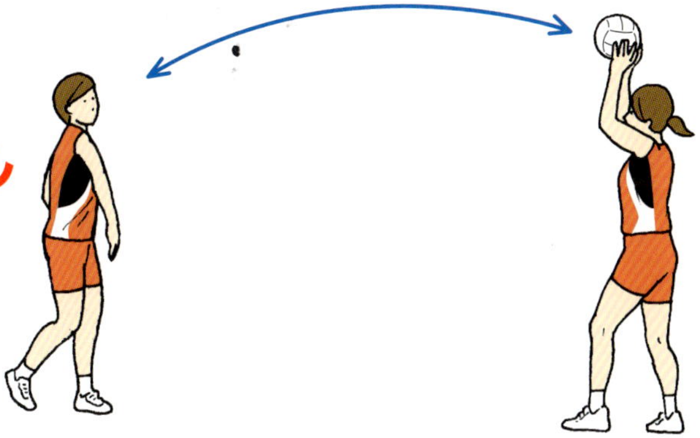

パス

パスはバレーの基本です。サーブレシーブもスパイクレシーブもトスも、パスの延長。ですから全員がオーバー・アンダーともにきちんとパスできる必要があります。ストレッチやランニングが終わったら必ずパス練習を行いましょう。

■オーバーハンドパス

キャッチ

正しいオーバーハンドパスの姿勢でキャッチします。パートナーは、パスしやすい山なりのボールを下から投げましょう。

対人パス

2人1組になり、5m程度離れます。山なりのボールで、交互にパスの交換を行いましょう。落とさないよう、往復30回程度が目標。

DVD 直上&パス

まず自分の頭の上に直上パスを上げてから、相手にパスを送ります。直上パスも相手へのパスも、姿勢やボールをとらえる位置は同じに。

DVD 直上&バックパス

正面向きで直上パスを上げたら180度体を反転。落ちてきたボールをバックの体勢で相手にパスします。慣れてきたら、バックではなく横向きで。

DVD ジャンケン

ボールと同時に味方や相手の位置・動きを確認する練習。まずパスする人に向かって、パートナーは上から山なりのボールを投げます。投げたあとに手でジャンケンの形をつくりましょう。パスする人は相手の手の形を言いあてるとともにパスを返します。

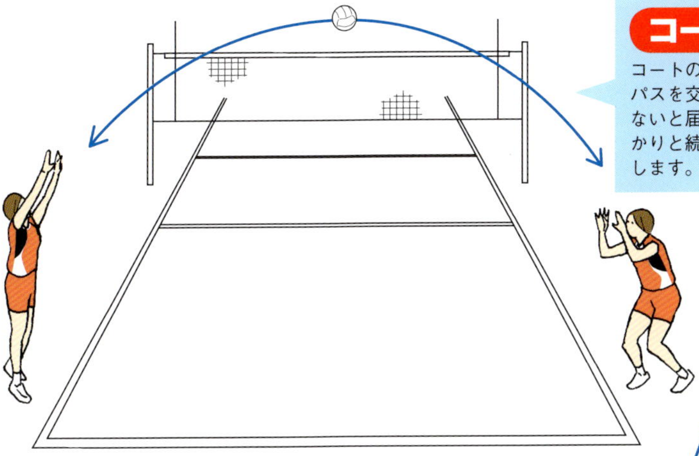

コートの横を使う

コートの両サイドに立ち、交互にパスを交換。基本の形ができていないと届かない距離なので、しっかりと続けられるよう何度も練習します。

パスしたらすぐ移動

列を2つ作り、連続でパスします。パスしたら自分と反対の列の後ろに移動。「パスをしたらすぐ次の動き」という意識を身につけるための練習です。

ネットを挟んで

アタックラインの手前ぐらいの位置から、相手とネット越しにパスの交換。慣れてきたらコートの端から端に移動しながらパスします。

■アンダーハンドパス

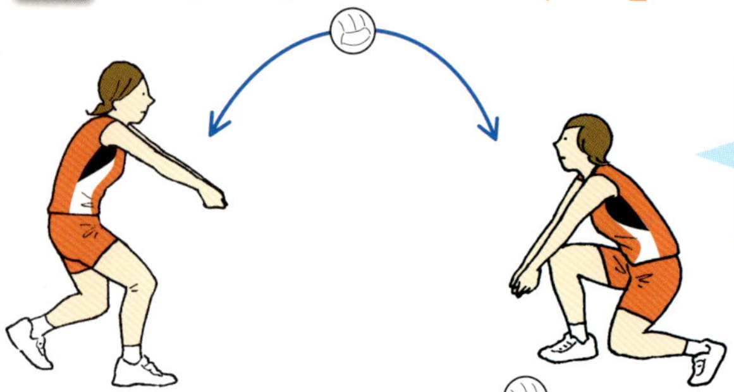

交互に

相手と交互に、アンダーハンドパスを行います。落とさないよう、連続で往復30回程度続くまで。

直上&パス

ボールの感覚をつかむため、1回直上にパスを上げてから相手にパスを返します。しっかりボールの動きを目で追い、ひざを曲げて正確なパスを心がけてください。

左右に動いて

コーンの正面に立ちます。コーチやチームメイトに5～6m離れたところからやさしいボールを投げてもらい、正確に返しましょう。慣れてきたらコーンを基準に、左、正面、右と動き、動いても正確に自分の形でパスできるように。

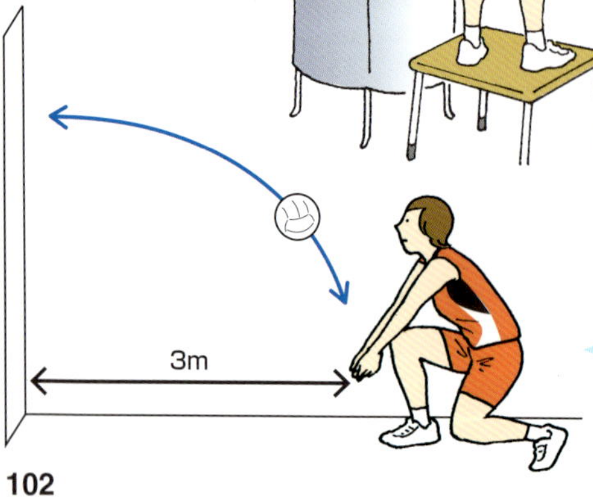

壁打ち

3m程度離れ、壁に向かってアンダーハンドパス。繰り返し連続でつなげます。1人でできるので、パートナーがいない時の練習法としても有効。

■トス

直上トス

自分の真上にトスを連続で上げます。最初は1mぐらい。慣れてきたら2m、3mと距離を高くしてみましょう。手は額の上辺りにあるか、ひざのクッションは使えているか、など確認しながら行います。

二段トス

コートの角から対角線上にトスを上げるイメージ。ただ届かせるだけでは意味がありません。ネット際で捕球する人をアタッカーだと想定して、高く挙げた手の位置に、山なりの高いトスを上げます。

レシーブ

**サーブレシーブはすばやくボールの正面に入り、いかに正確にセッターへ返すかが重要。
スパイクレシーブは、ボールの勢いに負けずに弾き返す意識で。
速くて強烈な球への恐怖心をなくすためにも、何度も繰り返し練習しましょう。**

■サーブレシーブ

DVD バケツを使って

コートを縦に使い、サーブをバケツで捕球。ボールの真正面に入り、レシーブを正確にコントロールするための練習です。レシーブの構えがきちんとできていないと、ボールがバケツに入らず、コントロールもできません。

マンツーマンで

コーチが投げるボールをレシーブ。ベースラインの中央を基準に、左右に振ってもらい、様々なボールに対応する力を身につけましょう。慣れてきたら前後にも出してもらいます。また、待っている人はコートサイドからレシーバーの動きを見て、レシーバーがどんな位置・構えで、どんなボールを返すか、を参考に。

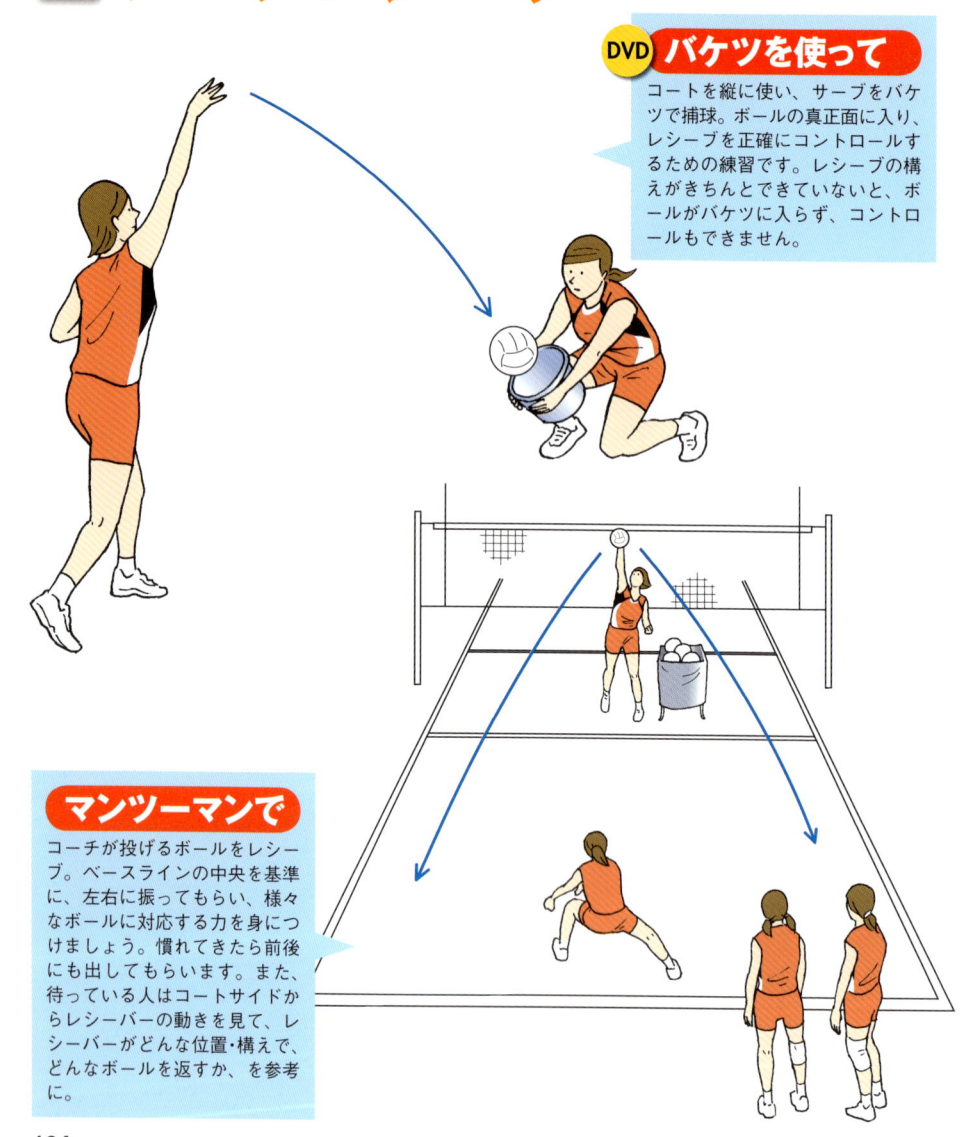

3人で

3人順番で、コーチからサーブの打球を打ってもらいます。続いてランダムにボールを打ってもらい、近い人がレシーブ。レシーブをしない2人は、いつでもカバーできるようにレシーバーの方を向きます。

5人で

コートに5人入り、ネット越しからサーブの打球を打ってもらいます。コースに打ち分けてもらい、試合同様、3回で相手コートに返しましょう。ローテーションも行います。

スパイクレシーブ

いすに座って

強打に負けないレシーブ力を身につけるためには、低い姿勢を保つことが大事。そのためにいすに座ってレシーブをしてみましょう。

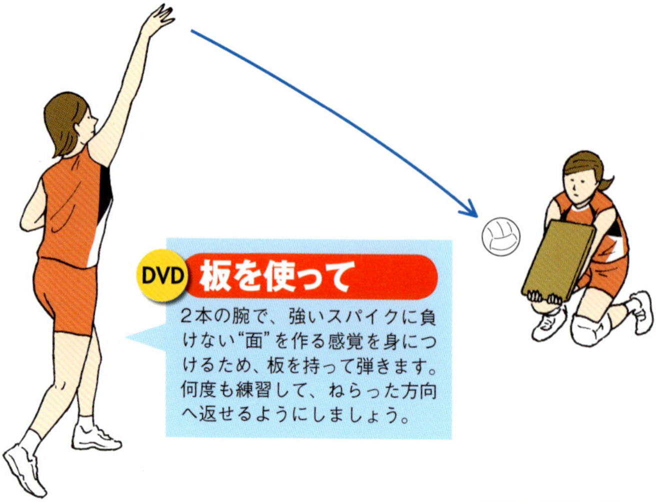

DVD 板を使って

2本の腕で、強いスパイクに負けない“面”を作る感覚を身につけるため、板を持って弾きます。何度も練習して、ねらった方向へ返せるようにしましょう。

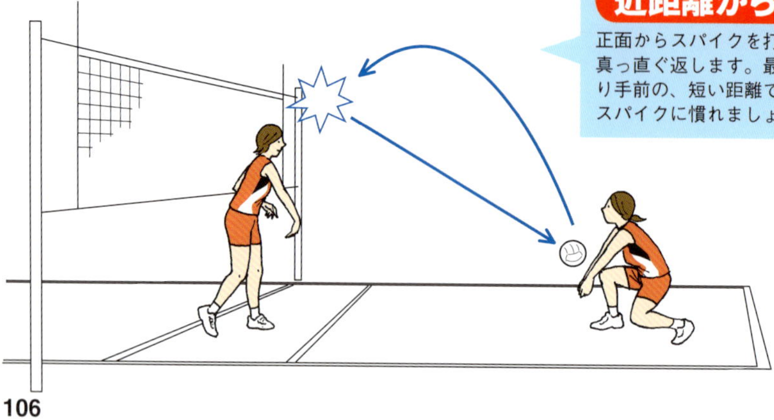

近距離から

正面からスパイクを打ってもらい、真っ直ぐ返します。最初はネットより手前の、短い距離で。速くて強いスパイクに慣れましょう。

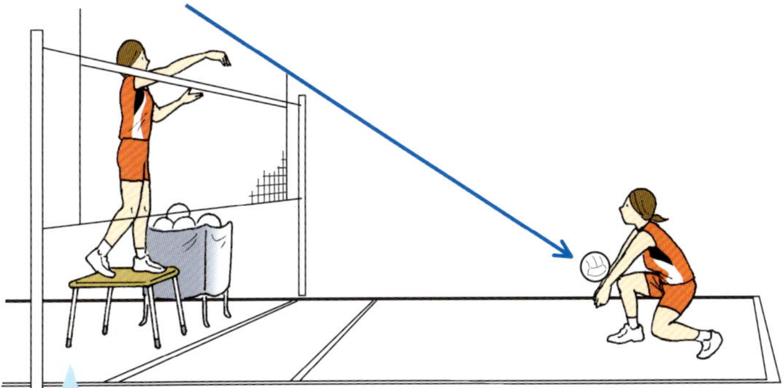

台の上から強打

実際のスパイクに近いボールに慣れる練習。ネット越しにスパイクを打ってもらいます。バックライト、バックセンター、バックレフトなど、様々な位置でレシーブしましょう。

どんなボールにも反応する

強打に慣れてきたら、前後左右、そしてフェイントなども織り交ぜながら様々なスパイクを打ってもらいましょう。

生きたボールで練習

相手コートに、セッター１人とアタッカー１人を配置。実際に生きたスパイクをレシーブします。慣れてきたらアタッカーをレフトとライトに配置し、より実戦に近づけます。

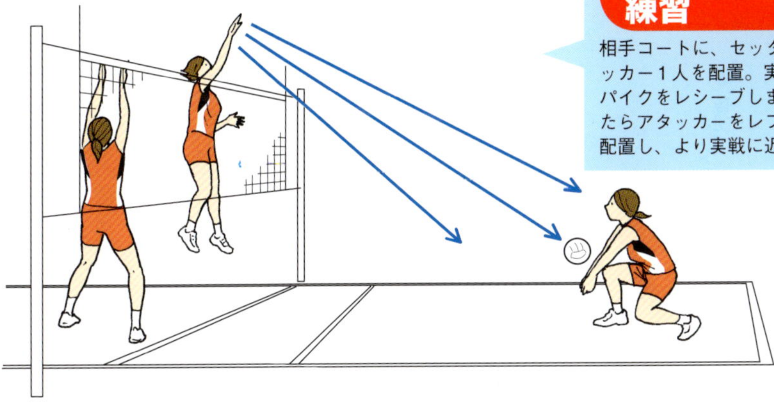

スパイク

スパイクはただ力が強いだけではダメ。助走、ジャンプ、ミートの位置、タイミング、腕の振り—。強いスパイクを打つためにはどれも欠けてはいけない要素です。それぞれを何度も練習し、正しいフォームを身につけましょう。

DVD 腕の振り

長座し、おしりを浮かせられるぐらい腕を振りましょう。この腕の振りが、スパイクでジャンプをする際に重要な高さを生みます。

DVD 助走

右利きの人は左足で踏み切ります。頭で考えなくても正しく踏み切れるよう、何度も助走して体に覚えこませることが大事。

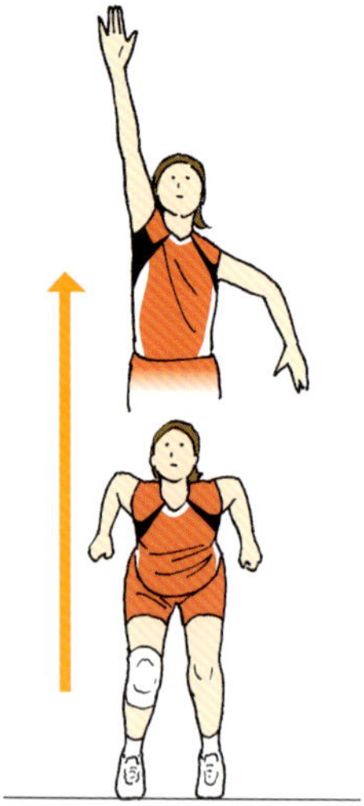

DVD ジャンプ

腕の振りを利用してジャンプ。続いて助走から一連の動きで素振りを行い、イメージトレーニングをしましょう。

投げてとる

自分でボールを上げたら、1・2歩助走して両手でキャッチします。ミートするタイミングをつかむための練習です。

ジャンプせずにボールをミート

いきなりスパイクを打つと正しいフォームが身につきません。ジャンプせずに、正しい位置でミートする練習を繰り返しましょう。

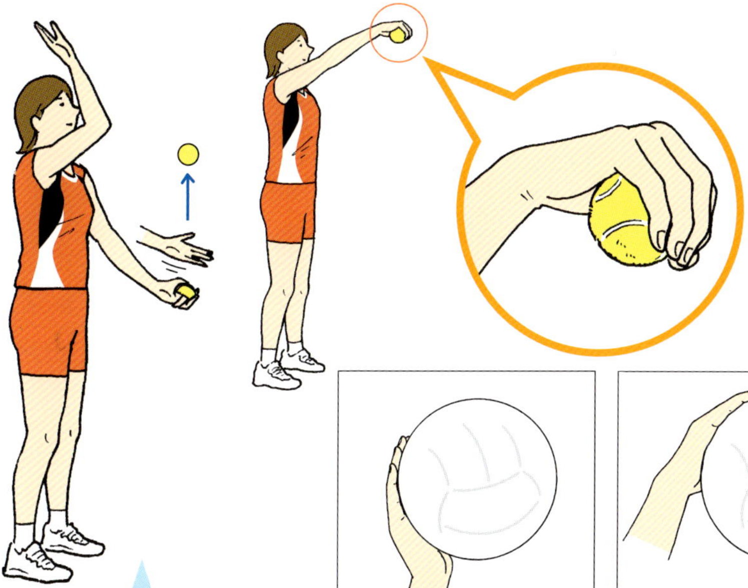

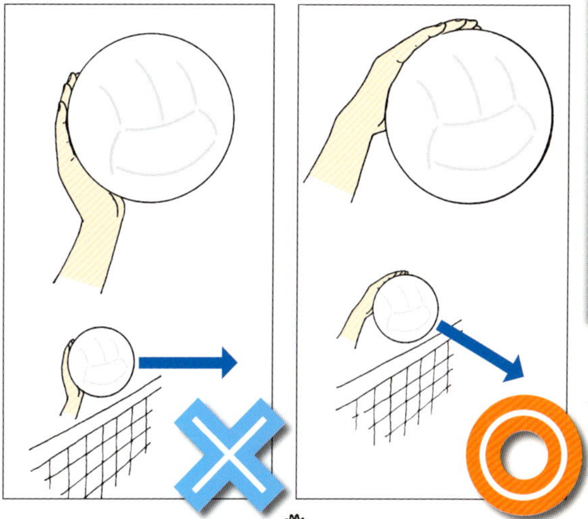

DVD テニスボール

強くて角度のついたスパイクを打つために必要な、スナップの力を養う練習。スパイクの腕の振りでテニスボールをつかみます。ボールはスナップが利いていないとつかめません。

DVD フェイント

スパイクとまったく同じフォームから、フェイントで相手コートに返します。打つ直前に「右」「左」「正面」など声をかけてもらい、瞬時にコースを打ち分けましょう。

セッターのボールを打つ

助走から始め、実際にセッターが上げたボールをスパイクしてみましょう。強く打つことよりも、まずはタイミングを合わせることが重要。

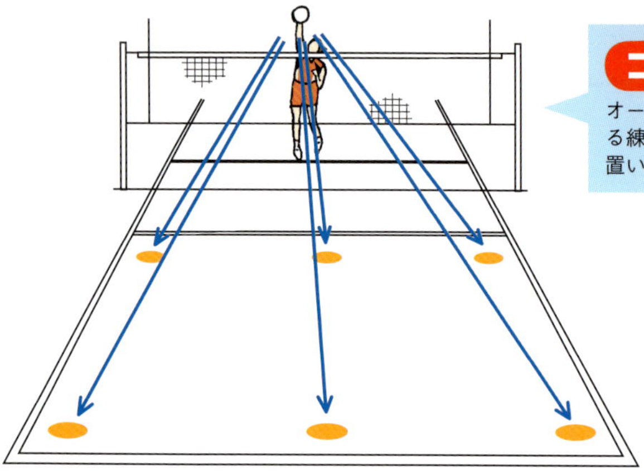

コースの打ち分け

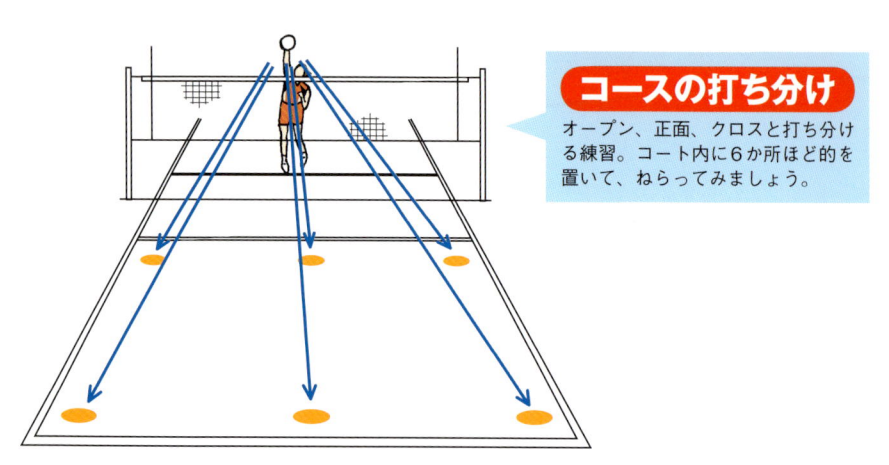

オープン、正面、クロスと打ち分ける練習。コート内に6か所ほど的を置いて、ねらってみましょう。

助走しない

状況によっては助走せずにスパイクを打たなくてはならないこともあるので、立っている位置からジャンプしてスパイクを打ってみましょう。

様々なトスで練習

試合ではあらゆるトスに対応する必要があります。そのためクイックとオープントスだけでなく、ネットすれすれのボールや、距離の離れた2段トスなどでも打ってみましょう。

レシーブしてから

まずレシーブをしてから、すぐにスパイクを打ちにいきます。ワンプレーの後の動きの早さを身につけます。

色々な位置から

どんな状況でどんなボールが上がるかわからないので、いろんな局面に対応できるようにします。1～8の各位置からジャンプし、スパイクしてみましょう。

ブロック

まずはしっかり形をつくること。スパイクと一緒で、助走、ジャンプ、タイミング、そして手の形といった一連のフォームをしっかり覚え込むことが大事です。突き指防止のため、テーピングを巻いてもいいでしょう。

正しい型をつくる

まずアンテナの両端にゴムを張ります。ネット越しにボールを投げてもらい、下に落としましょう。その際ゴムより奥に手を出すことで、ブロックの理想となる「くの字」型が作られます。足はゴムに引っ掛からないように。

ジャンプ

手の形、腕の伸ばし方などを確認しながらジャンプします。どんなスパイクがくるか想像しながら飛びましょう。

台に乗って

台の上に立ち、ゆるいボールをネット越しに投げてもらいます。ブロックの手の形を完璧にマスターしましょう。

キャッチ

ネットを越えるか越えないかぐらいのボールを投げてもらい、キャッチしに行きます。ネットタッチしないようブロックするための練習。

2人でジャンプ

最初はボールなしで、2人同時にジャンプ。タイミングが合ってきたら、ネット越しに投げられたボールにタイミングを合わせてブロックしましょう。

タイミングを合わせる

セッター＋ライトまたはレフトの2人組で走り込んで相手のスパイクをブロック。一緒に飛ぶ人を変えてみて、人が変わってもタイミングが合うように。

3枚ブロック

2人でタイミングが合ってきたら、ブロッカー3人で飛ぶ練習をします。センターが声をかけ、レフトとライトはその声にタイミングを合わせてジャンプするといいでしょう。

サーブ

サーブの練習はただ漠然と打ってはダメ。練習で入っても試合で入らなければ意味がないので、常に緊張感を持って練習に臨むことが大切です。自分の得意なサーブを早く見つけることも上達への近道といえるでしょう。

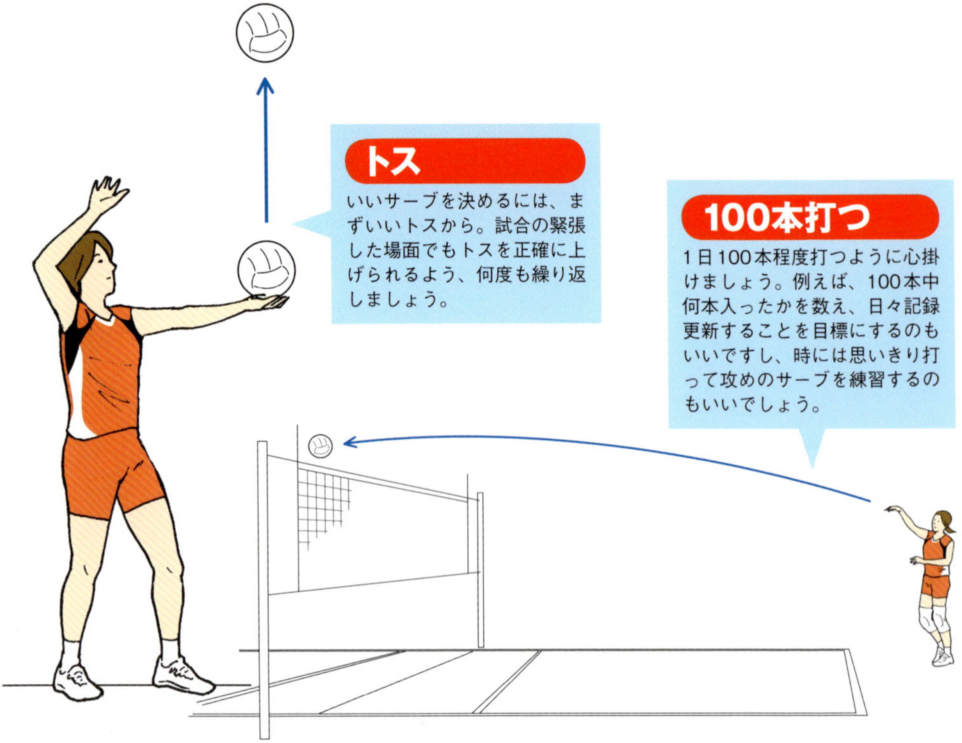

トス

いいサーブを決めるには、まずいいトスから。試合の緊張した場面でもトスを正確に上げられるよう、何度も繰り返ししましょう。

100本打つ

1日100本程度打つように心掛けましょう。例えば、100本中何本入ったかを数え、日々記録更新することを目標にするのもいいですし、時には思いきり打って攻めのサーブを練習するのもいいでしょう。

目標物をねらう

レシーブの苦手な選手をねらい打ちする作戦は非常に有効なので、的をねらう練習を行います。的を徐々に小さくしていくなどの工夫をするといいでしょう。「的に当たるまで打つ」などノルマを課すのも効果的。

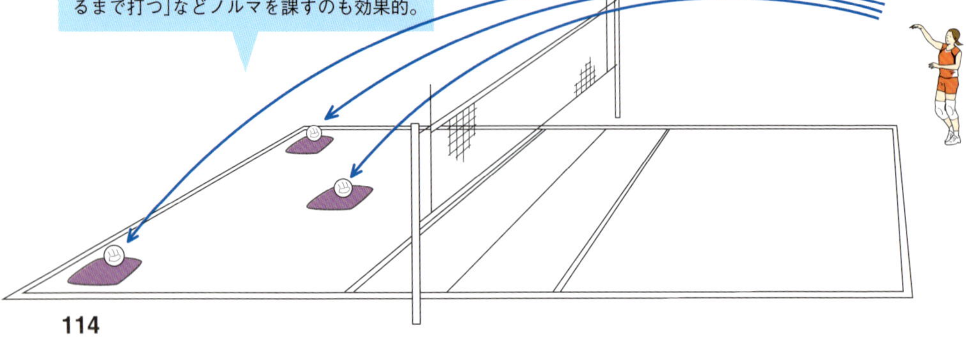

ネットの上ギリギリをねらう

より弾道の低くて速いサーブを打つための練習。アンテナの両端にゴムを張り、ネットとゴムの間を通します。ゴムの位置は最初はアンテナの最上部でもいいですが、徐々に下げましょう。ネットから50cm程度が理想。

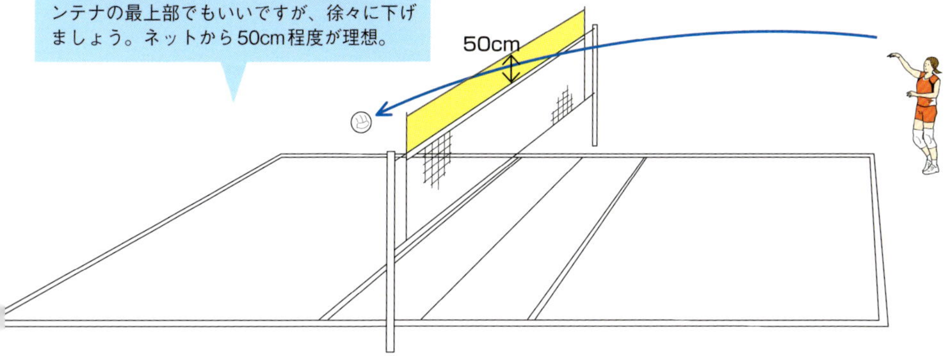

ビデオに撮る

各自のフォームをビデオに収め、チームメイトとともに確認。絶好のサーブを打てた時と、失敗した時のフォームやトスの位置を見比べ、改善点を見出しましょう。

メンタルトレーニングも大切

ソウル五輪の前日、全日本代表での最後の練習の時の話です。すべての練習が終わって、最後にみんな１本ずつサーブを打つことになりました。全員がコートの外で横一列に並び、コートには１人だけ。自分は「ピンチサーバー」という設定で、「このサーブが試合の流れを左右する」という状況を仮に作ったのです。そうすると不思議。チームのみんなや監督が自分１人だけに注目していたせいもあり、サーブを失敗してしまった選手もいました。やはりサーブはメンタルがとても重要。いつもこうした練習をやっていると慣れてしまうので、大事な試合の前などに行うと効果的かもしれませんね。

モトコラム

練習ギライが考えを変えたそのわけは

中学生の頃の私はとっても練習ギライでした

待っていたのはショック療法

中学時代の私は、練習熱心ではありませんでした。バレーの華はやっぱりスパイク！　でも現実には球拾いやトレーニングなど地味なことばかり。小6で170センチと、長身選手の成長期特有の膝の痛みもあった。でも、「実力は私が一番!」なんて妄想していたんですね。

監督が試みたのは、ショック療法でした。新人戦で「ヘタクソ」「穴」と相手チームに認識されてねらい打ちにされた私を最後までベンチに下げず、惨敗。悔しがる私に「何で、おまえが悔しがる？悔しがるのは一生懸命に練習をしてきた選手がするもんだ」って。この出来事が、私にバレーボールと本格的に取り組むきっかけをくれたんだと思います。

八王子実践・日立時代は寝る間も惜しんで練習に明け暮れる日々

高校は強豪八王子実践高校のバレー部に入部。菊間監督は短期集中がモットーのため、練習時間はそれほど長くはありませんでしたが、密度はとても濃いものでした。毎日の練習は一番最初にサーブから、1日100本。何本入ったかを数え、打ち終えたら監督に「82本入りました」などと報告します。いつでも試合と同じ緊張感のもとで打つことが大事なんだ、と繰り返し教わりました。

高校卒業後に名門日立に入社。全寮制で、朝6時20分起床、50分からトレーニングがスタート。食事やミーティング以外はバレーボール漬けの毎日でした。そこでは練習は自主性にまかされていたので、自分との戦いでもありましたね。

Part 3

ステップアップを目指そう!

Part 3 ステップアップ◎パス

フライング レシーブ

1 ボールの行方を見て、低い位置に構える

2 できるだけ早く走ってボールを追いかける

4 レシーブ後はうつぶせの姿勢になるように手をつく

低い位置から飛び込んでレシーブ

フライングレシーブは遠くまで飛んだボールを追いかけて、飛び込んでレシーブする時に使います。試合などでも、ブロックでワンタッチして弾いたボールや、味方のレシーバーが失敗してコート外に飛ばしたボールを追いかけて、飛び込んでレシーブする場面を見たことがあると思います。最後まであきらめないでボールを追う姿勢は、試合でとても大事なことです。

3 両手を前に出してボールに向かい、飛び込んでとる

モトコ Check!

構えから低い位置で

誰でも高いところから飛び込んでレシーブするのは怖いものです。構えの段階から低い位置にして飛び込めば、床に体をぶつけることへの恐怖心も軽減されるはず。ローリングレシーブ(➡P52)同様、床と友達になる気持ちで。

5 できるだけ早く起き上がり、次のプレーの準備を

Part 3 ステップアップ◎サーブ

ジャンピングサーブ

モトコ Check!

打点を少しずらすと効果的

威力あるジャンピングサーブもレシーバーの正面に落下すると簡単に拾われてしまいます。例えば、ミート位置を左右に少しずらしてみると、カーブするので相手をまどわすことができます。

1 バックラインの2〜3m後ろから助走スタート
2 自分がジャンプする方向・距離・高さを決める
3 自分のジャンプ力に合わせ、安定したトスを上げる
安定したトスを上げる
4 ボールを追って、前方へ向かってステップする

パワフルにスパイクの要領で打つサーブ

ジャンピングサーブは、「ジャンプサーブ」「スパイクサーブ」とも呼ばれています。バックアタックと同じ要領で、ジャンプしながら打つサーブです。ボールに前回転がつき、威力があるのが特長。トスをやや高めに、正確に上げることが成功するためのコツとなります。

威力はあるものの、その分リスクも大きくなるので、ねらった位置に打てるようにしっかりと練習しましょう。

7 全体重を乗せるような力強いフォームで打つ
6 バックスイングで体を弓なりにして、ボールに飛びつく
体を反らす
5 タイミングを合わせてエンドラインの手前から前方にジャンプ
8 打ち終わった後はコート内に着地するのが理想
両足で着地

ジャンプトス

モトコ Check!

ボールの引きつけが重要

ジャンプしながらのトスは、オーバーハンドパスのように下半身のバネを使うことが不可能。そのため、ボールの十分な引き付けが大切です。とらえる瞬間はボールが額に触れるくらい引き付け、手首でふわっと運んで。

1 ネットを背にして立ち、足は肩幅よりやや狭く開く

2 あごを上げず、上目づかいでジャンプの体勢に

3 ネット側の足を前に出し、ひざを折ってジャンプ

空中でボールを引き付けてトス!

より高い位置でトスを上げるために、高さをかせぐのがジャンプトス。ネット際のボールをトスする時にも使用します。ボールの上昇する途中または最高点に上がっている時にジャンプして、ボールを額に引きつけるのがポイント。ブロックを外すために、あえて体が降りる途中でトスするなど、タイミングをずらすのも効果的です。相手をかく乱することができます。

4 ボールに合わせてジャンプして高い位置でとらえる

5 トスを出す方向が相手にわからないように引きつける

6 腕と手首の押しで、ふわっとやわらかくトスを上げる

Part 3 ステップアップ●トス

ワンハンドトス

モトコ Check!

アタッカーの協力も必要

ワンハンドトスを上げるのは、レシーブが高くなりすぎて、両手でのジャンプトスが間に合わない場合。アタッカーもできる限り協力して、よい打点で打てるように心がけましょう。

1 ネットを背にして構え、ボールを待つ

2 両手でジャンプトスをする意識で

3 どうしても両手で上げられない場合に片手でトス

片手で上げる、高い打点のトス

ジャンプして片手で上げるワンハンドトスは、高いレシーブを処理する際、両手を使っていては間に合わない時に用います。レシーブが高すぎて、もう少しで相手コートに返ってしまいそうな時などに出るプレー。ワンハンドでトスが上がれば、両手でのトスよりもタイミングがワンポイントずれて、相手ブロックをうまく外す効果も。距離を出しにくいため、主にセンター攻撃に使われます。

4 アタッカーの打点の位置に置いてあげる気持ちで

Point

ワンハンドトスは基本的に速攻用、オープントスは難しいと考えて

ワンハンドトスの場合、距離の長いオープンスパイクになることは稀です。Aクイックに短く上げるなど、速い攻撃にするのが効果的。ツーアタック（➡P126）に見せかけて相手ブロックを振る作戦も有効です。

ツーアタック

1 最初はトスと同じように構え、ボールを待つ

2 通常のジャンプトスと同じようにジャンプする

3 クイックのトスのように見せかけて、スパイク

4 すばやく相手コートにボールを打ち込む

モトコ Check!

決めて当然という意識で

ツーアタックというのは、本来トスを上げるべきセッターが敢えて攻撃するのですから、決まるのが当然という意識を持つこと。とはいえ、もし決まらなくても後に効いてくるので、気持ちを切り替えましょう。

トスを上げるふりをして、自分で打つ

いつもはスパイクを打たないセッターがトスを上げるふりをして、自分で相手コートに打ちこむのがツーアタックです。相手チームをかく乱する戦法のひとつでもあります。セッターが前衛の時、試合前半に使えると効果があります。攻撃パターンにツーアタックがあることがわかると、相手をけん制することができます。また、左利きの場合はスパイクに近い形で強く打てるので、より効果的です。

1 右利き同様、トスを上げると見せかけて構える

2 右利きとは逆足の左で踏み込んで、ボールをとらえる

3 ワンハンドトスに見せかけて、すばやくスパイク

4 ブロッカーがいない場合は、真下に叩きつけて着地

Point
左利きの場合はより強いツーアタックが可能に

通常のジャンプトスと見せかけて左手でボールを打つツーアタック。セッターが右利きの場合はコートにすばやく打ち込みますが、左利きの場合はより強いスパイクを打つことが可能です。相手レシーブも反応しづらいため、使いこなせれば大きな武器となります。

時間差攻撃

1 セッターはセンターの選手へのクイックと見せかけてトス

2 センターの選手は上がったボールを打つと見せかけてジャンプする

3 センターの選手が跳んでいる間にサイドアタッカーは回り込む

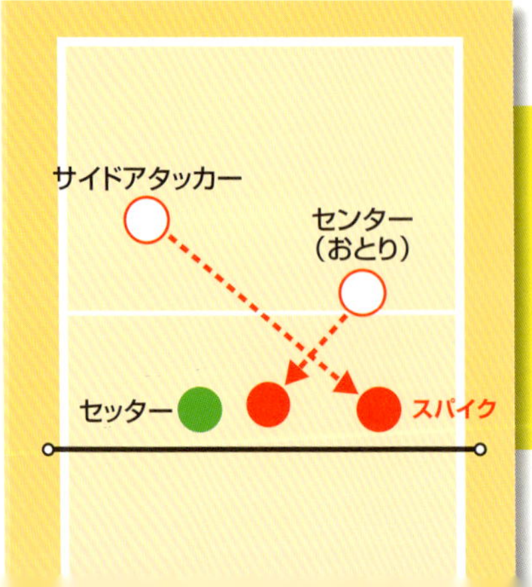

Point

セッターは、自分の手前にいる人に打たせると見せかけてさらに向こう側にいる人にトス。相手ブロッカーが手前にいるアタッカーに合わせてジャンプしたら、成功。

複数の攻撃を組み合わせ、相手をかく乱

おとり（ダミー）の選手がジャンプして相手ブロックを引きつけ、別のアタッカーが実際にスパイクを打つ攻撃を「時間差攻撃」といいます。おとりの選手は本気で打つつもりで入ります。それによって、相手ブロックを引きつけることができれば成功。そのためにはおとりの選手の最初の第一歩の踏み切りが重要です。また、おとりとなる選手とスパイクを打つ選手を時に逆にするのも効果的です。

4 センターの選手の真後ろからジャンプして打つ

5 相手には突然別のアタッカーが出てきたように見える

モトコ Check!

サインを変えて打つことも

もし相手にサインを見破られていると感じたら、サインを変えて、わざと違う攻撃を声に出して言うのも有効。ただし、味方まで翻弄されないように、チームメイトと事前にキッチリ打ち合わせることが必要です。

バックアタック

モトコ Check!

深く強く打つのがポイント

後ろから走り込んでアタックライン手前で踏みきり、スパイクします。スナップをきかせて体重を乗せ、球足はやや長めに打ちましょう。相手コートの深いところに力強く打って。

1 踏み切る位置を考慮してスタート位置を決める

2 セッターのトスを見ながら助走を開始する

3 手を大きくバックスイングしながら、力強く踏み込む

4 バックスイングした手を振り戻す力を利用して跳ぶ

後衛から放つ威力あるスパイク

後衛にいる選手がアタックラインの後方で踏み切り、前方へブロードジャンプしながら打つのがバックアタック。実は縦ブロード攻撃の一種です。

今やコンビプレーのひとつ。エースが後衛に下がっている時に破壊力のある攻撃として使われます。相手ブロッカーがアタッカーについている時に時間差として使います。世界的にもバックアタックは立体バレーの主役です。

5 空中で体を弓なりにして手をスイングさせる

6 体重を乗せるようにして、力強くアタックする

7 打ち終わったら、フロントゾーンに着地する

試合に備えた練習

試合では、「練習で成功したプレー」や「本来の自分自身の力」をいかに出し切れるかが重要です。そのための準備として、実践的な練習メニューを取り入れましょう。基礎練習が終わった後や、大事な試合の前に行ってみてください。

■パスゲーム

バレーの基礎・パスだけでつなぐ練習。パスといえど、人数を減らせばボールを受ける回数が増え、緊張感を持ってプレーできます。「仲間とつなぐ」という意識も高められるので効果的です。

2対2

初心者向けのミニゲーム。両サイドに2人ずつ入り、オーバー＆アンダーパスだけで試合を行います。2回で相手に返してもかまいません。

3対3

人数を3人ずつに増やし、5点ゲームをします。スパイクありやバックアタックオンリーなど、特別なルールを決めてもいいでしょう。

4対4のミニゲーム

4対4で、試合と同じようにサーブからミニゲームを行います。全員がボールに対して臨機応変に対応できるように、セッターは交替でやってみましょう。

こんな練習も!

ボールなしでゲームする

6対6でゲームを行う時、最初のうちはボールがつながらずに淡泊な試合になりがち。それではいつまでたっても味方同士の連携やフォーメーションの確認ができません。そんな時は、ボールを使わずにゲームしてみましょう。
サーブを打つ人はレシーブする人の名前を呼び、レシーバーはタイミングを見計らって味方のセッターにレシーブするフリをします。そしてセッターはAクイックなら「Aクイック」と言って、アタッカーはその声に合わせて実際にジャンプ。本番の試合と同じようにローテーションしながら、様々なパターンを想定してプレーしてみましょう。

攻撃パターンを作る

相手なしで、自分たちの攻めの形を確立させる練習です。相手から優しいボールが返ってきたと仮定して、コーチやチームメイトに軽くボールを投げてもらいます。オープン、クイック、ブロードなど様々なパターンを組み立てられるようになれば、試合中もチャンスを逃さずに決められるようになるはずです。

オープン

最初は基本のオープンスパイクから。1本ずつローテーションしながら行い、それぞれのフォーメーションを確認しましょう。

クイック

A～Dクイックをバランスよく練習しましょう。「Aクイックのみで1ローテーション」などルールを決めると、それぞれの選手が動きを把握しやすくなります。

ブロード

タイミングの合わせづらいブロード攻撃も、優しいボールからなら組み立てやすいはず。まずは成功させ、自信をつけましょう。

■猛攻をしのぐ

左ページとは逆に、守備固めを徹底的に行います。相手にチャンスボールだけを返し、さまざまな攻撃パターンで打ち込んでもらいましょう。劣勢の時でもひたすら耐えしのぐことで、相手のミスを誘うことができます。

■乱打戦を行う

点数をつけずに、「15分×3セット」などの乱打戦を行いましょう。ただ漠然と打つのではなく、基礎練習で感じたこと、自分の弱点、または試合で試したいことなどを確認しながらプレーします。

対戦相手を仮想したゲーム形式

相手チームを7人に

実際に試合で戦う相手をイメージしたゲーム練習。例えばレシーブやブロックのうまいチームと対戦する場合は、相手を７人にすればスキがなくなり効果的(上図)。また格下のチームと試合する場合は、油断しないために０対５から始めるなど工夫しましょう(下図)。

相手チームの5点リードから
0点 対 5点

こんな練習も！

ポジションチェンジ

普段と違うポジションでゲームしてみると、案外いろいろな発見があり、動きの勉強にもなります。例えばレシーブ専門のリベロがセッターとして入ったとしましょう。その時、味方のサーブレシーブが低くてトスしづらいと感じたら、自分がリベロとしてレシーブする時に「高く上げよう」と意識できるはずです。練習の合間に試してみるといいでしょう。

もう少し高いレシーブが欲しいな〜。

■パート練習で弱点を克服する

チームが苦手としているプレー、または練習不足なプレーを重点的に練習して強化しましょう。例えばバックアタックなら、アタックラインより後ろの位置でゲームを行うといいでしょう。アタックライン前に落ちたボールはワンバウンドでも続けます。

■紅白戦・対外試合

実力が均等になるようチームを2組に分け、審判もつけて紅白戦を行いましょう。勝ち負けを意識することはもちろん重要です。しかし、チームの連携やポイント間のコミュニケーション、「練習で出せた力が試合でも発揮できるか」といった確認をしっかり行うことがより重要。
また、他チームとの対外試合の緊張感は、やはり紅白戦とは全く違い、非常に効果的です。他の学校、サークルなどと連絡を取り合い、公式戦の前のいざという時に練習試合ができるようにしておきましょう。

こんな練習も！

5点マッチ

試合同様6人ずつコートに入り、5点先取でゲームを行います。試合の流れを左右する“最初の5ポイント”、また20対20の接戦からの“あと5ポイント”をいかにものにできるか。いわゆる「勝負強さ」をきたえる上では効果的な練習法です。あえて苦手なローテーションからスタートさせることで、よりプレッシャーをかけることも可能となります。

モトコラム

エースアタッカーの役割

苦しさも栄光も、請負う立場

ここぞという時に何とかする、それがエース

どんな競技にも、「エース」と呼ばれる役割の人がいます。そのチームの一番の柱。精神的にもプレーの面でも、中心となる人物のこと。バレーボールの場合は、一番得点力のあるアタッカーがなることが多いです。難しい場面でトスが上がり、そのゲームの勝敗を分けるスパイクを決めきれるアタッカー、チームメイトも観客も、「この選手が決められないなら仕方ない」という思いを託せるようなアタッカー。それが「エースアタッカー」なのです。

だから、エースはどんなトスからでも自在に、得点することが求められます。序盤にいいトスから決めるのは、どんなアタッカーでもできる。「エース」ならば、競り合った20点以降や、劣勢が続くプレッシャーのかかるシーンで、打ちにくいトスでも、何とかして得点につなげなければなりません。

バレーボールはチームプレーです。個人のプレーをつなぎ合わせて、チームとしてまとまっていかなければ勝利はありません。でも、「ここぞ!」という大事な場面の得点に限っては、エースアタッカーの肩に全てがかかってきます。勝利の喜びも、負ける悔しさも、チームみんなで分かち合える、それがチームプレーの醍醐味です。ただ、エースアタッカーだけは、その重みが違ってくる。レシーブから一連のプレーがあって初めてスパイクが打てる、それは間違いない。しかし、その先は、エースアタッカーひとりだけの責任。誰も助けてはくれません。その代わり、その一本を決めたときの喜びの大きさも、エースアタッカーだけが味わえる特別なものなのです。

世界的な「エース」だった現役時代

モトコラム

苦しい時に支えてくれたもの

衝撃の日立解雇事件

解雇から這い上がってイタリアリーグに

2回のオリンピックを経験した私は、次の夢として「プロ選手」になることを目標にしました。ところが、プロ契約をめぐって日立と見解が対立し、ある日突然、トモこと吉原《よしはら》知子《ともこ》選手とともに解雇されてしまったのです。その前日にはＶリーグ前夜祭が行われ、トモも私も何も知らずに出席し、Ｖリーグで戦うことについての抱負を語ったりしていました。

頭が真っ白になり、何も考えられないほどショックでした。子供の頃からあこがれていた日立のユニフォームを、こんな形で脱ぐことになるなんて…。

何も事情を知らない人たちから、まるで悪いことをしたかのように批判され、人間不信にも陥りましたし、涙がかれるのではと思うほど泣いた時もありました。しかし、当時の決断を後悔することはありません。長い目で見ればそれは、私のバレー人生を広げるきっかけとなったからです。私とトモは、イタリアにわたり、念願のプロ選手として活動することになりました。

イタリアについて真っ先にあったのは、カズさんの励ましの電話

日本を追われるように渡航し、イタリアのプロリーグへ。不安でいっぱいの私がイタリアに着いたとき、サッカー選手の三浦《みうら》知良《かずよし》さんが励ましの電話をくださったのです。「同じアスリートとして、共感するし、応援するよ!」と。うれしさに、日本で流したのとは違う涙がこぼれました。カズさんも日本サッカー界のパイオニア。バッシングされることも多々あったはず。そんな方からの暖かい言葉は、未知の世界でのスタートに、大きなエネルギーを与えてくれたのです。

強い選手・チームになるために

からだをつくる

すぐれた選手であるために、まず一番大切なことは、常に健康であること。コンディションがよくなければ、練習も思うようにできず、試合でもフルパフォーマンスが発揮できません。ベストコンディション維持をめざしましょう。

バランスのとれた食事は健康の基本

あまりにもウェイトが多くなりすぎるのは問題ですが、ダイエットではなく、健康を最優先して食事をとりましょう。とても地味なことですが、まずは食卓に並んだ食べ物を、好き嫌いにかかわらずすべて食べることから始めましょう。特にこの本を読んでくださるみなさんのように成長期にある場合は、タンパク質、炭水化物、脂質、ビタミン、ミネラルなどを、まんべんなくとることが一番望ましいのです。たとえば、「魚が苦手」という人でも、栄養バランスを考えて、ひと口だけでも箸をつけるなど、できる範囲で努力しましょう。

競技者として十分な筋肉をつけたいと思ったときは、プロテインやアミノ酸、ビタミンC、カルシウム、鉄分といった、成長期に必要だけど食事で全部とるのが難しい栄養を、サプリメントや補助食品などで補給するのもひとつの案です。

気がついたら体重計に!

現役時代、1日に何度も何度も体重計に乗り、体重と体脂肪率のチェックをしました。体重計は、自分の部屋にもお風呂場にも体育館にも置いてあったので、時間を決めてはかるだけでなく、体重計のそばを通るたびに乗っていました。みなさんは、ヘアスタイルやまつげをチェックするために1日に何度も鏡を見ますよね？　それと同じくらいの頻度で体重をはかっていたことになります。

バレーボールはジャンプ競技なので、体重の増加は即、ひざや腰への負担となってのしかかってきます。体の切れも悪くなるし、怪我にもつながってしまいます。ですから、自分のベスト体重（競技

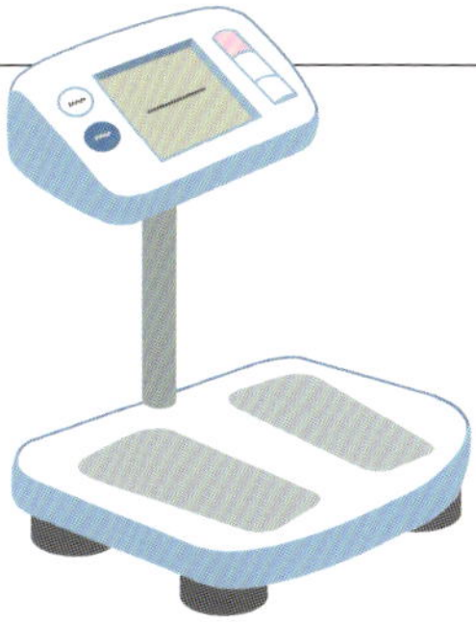

のための）を知って、常にその体重を維持するための意識づけとして体重計に乗っていたのです。

睡眠はたっぷりとること

成長ホルモンは睡眠中に活発に分泌されるというデータもあるように、からだは眠っている間につくられます。練習でたまった疲労の回復も、筋力トレーニング後の筋肉の発達も、バレーボール選手としては大切な身長を伸ばすことも、「たっぷり睡眠をとること」が重要なのです。昔から「寝る子は育つ」ということわざがありますが、あながちでたらめでもないのですよ。毎日の練習をコンディションよく行うにも、体をしっかり成長させるためにも、夜は夜更かしなどせずに、ぐっすりと眠りましょう。

時期によって練習メニューを調整する

「体で覚える」という言い回しがありますが、特に本格的にバレーボールに取り組み始めてからしばらくは、理屈でなく体にたたき込ませるような練習が一番効果的であることも多いでしょう。また、体力をつけるためのトレーニングも、終わると声も出ないほどハードに行われることもしばしばです。ただ、気をつけて欲しいのは、ふだんはハードに練習していても、試合が近づいてきたら調整に入ることです。レギュラーの7人は、コンビネーションの確認や、サーブ・スパイクの実戦に向けての精度をあげていく練習など、プレーを確認し、ブラッシュアップするメニューにしていくのがよいでしょう。さらに試合が近づいてきたら、ハードなウェイトトレーニングや、打ち込み練習など、体に疲労が残る練習を控えめにし、試合当日に向けて体力を温存するのが望ましいですね。

これで強くなれる！

- 食事、補助食品などで栄養をバランスよくとる
- 体重を維持するために1日に何度も体重計に乗る
- 夜更かしせずにたっぷりと寝る
- 計画的に練習を調整する

強い選手・チームになるために

メンタルを強くする

強くなるためには、からだだけでなく、精神力も大切になってきます。これは、バレーを始めたばかりの皆さんから、全日本のトッププレーヤーにいたるまで同じこと。ここでは、効果的にメンタルを強くする方法をお話しします。

普段からできる心のきたえ方

八王子実践高校時代、よく人前で歌を歌わされました。また、自己紹介を大きな声でみんなの前で言わされたりもしました。どちらも「恥ずかしい」という気持ちを捨てて、度胸をつけるための訓練でした。試合中は、大きな声を出して自分やチームメイトを盛り上げることがとても大切なのですが、普段から大声を出していないと、いきなり本番で出そうとしてもなかなか出せるものではありません。よく知った仲間だけでなく、知らない人がたくさんいるわけですから。

また、日立の山田重雄監督は、笑ったり泣いたり、怒ったりといった感情を、できるだけおおげさに表現する訓練も私たちに課しました。コートの中に6人が入り、監督の指示で一斉に一人一人が違う表情を演じるのです。試合中はどうしても、「しまった」と思ったり、相手を怖いと思ったりする場面があります。そんなときでも感情をコントロールし、ハッタリでも「大丈夫!」「まだいける!」と自分も周りも納得できるようなパフォーマンスをすることは、とても大切なこと。いつでも必要に応じて、さまざまな感情の表現ができるようになることの大事さを学んだ練習でした。

試合前に不安材料をつぶしておく

試合を控えた時や試合中は、誰でもプレッシャーに押しつぶされそうになるもの。精神的に強くなるのはもちろん大切なのですが、試合前にプレー上の不安材料はできる限りつぶしておきましょう。誰にでも苦手なプレーはありますが、試合前には納得がいくまで練習し、「これなら大丈夫」という自信を持てるようにしておく。不安材料を取り除いておくことは、強気で試合を展開するためには、絶対にしておいた方がいいのです。

仮想練習でプレッシャーになれておく

強いチームとそうでないチームの違い。

それは、プレッシャーがかかった場面で、いつも通りのプレーができるかどうか、にあります。どんなに素晴らしい能力をもった選手が集まってプレーしても、競り合った場面などで緊張して、途端にミスが増えてしまうようでは、なかなか強いチームにはなれません。

ゲーム練習も、ただダラダラとやるのではなく、「あと3点とられたら試合が終わってしまう」という設定でやってみてください。その時、得点板もきちんと相手チームを22点にして。こうして自分たちを追い込みながら練習し、プレッシャーに心をならしていくのです。サーブ練習でも、ただ決められた本数を打つのではなく、自分がピンチサーバーで入ってきて、このサーブを入れて崩さなければ負けてしまう!といった仮定で打ってみましょう。スパイクレシーブなら、このスパイクを拾えなければゲームセット!という場面。どんなプレーでも、意味を持たせたイメージトレーニングとともに行うと、より実戦でフルパフォーマンスを発揮することができるのです。

成功経験は自信につながる!

このように仮想練習は大切ですが、やはり仮想と実戦はちがいます。実戦で成功した経験は、プレーヤーとしての自信に必ずつながるのです。試合経験をたくさん積み、どんな時に成功し、どんな時に失敗したのかを理解し、成功経験を積み重ねていくことこそが、最も大切なことなのです。

これで強くなれる!

- 人前で感情を出して度胸をつける
- 納得がいくまで練習して不安材料を取り除く
- 練習時から厳しい場面を想定して自分を追い込む
- 成功することで自信を得る

強い選手・チームになるために

ミーティング活用法

バレーボールはチームプレー。それぞれの技を磨くことも大事ですが、チームメイトとのつながりもとても大事。そのために、ミーティングをうまく活用しましょう。

とことん話し合うのは絶対必要!

バレーボールで強くなるためには、チームワークが必要です。レシーバーからセッターにボールがパスされ、セッターがベストのトスを上げ、アタッカーは一番良いタイミングでジャンプして、相手コートに打ち込む。ワンプレーのなかで、これだけのチームワークが必ず行われ、それが繰り返されるわけです。だから、チーム全員の息が合い、ひとつにまとまっていることが大前提になります。

そうはいっても、10人選手がいれば、10の個性があります。時にはその個性がぶつかることもあるでしょう。そんな時は、徹底的に話し合うことが大切です。自分たちは何を目指しているのか。たとえば、ある大会でベスト4に入ることなのか、優勝することなのか。みんなで共通の目的意識を持てば、細かい違いを乗り越えることができるのです。

ミーティングで行うこと

ミーティングにはいろいろなやり方があります。毎日やるチームもあれば、一週間に一度のチームもあるでしょう。時には、監督やコーチを含めたチーム全員で新しい攻撃パターンや戦術を考えるためのミーティングもあります。

モトコワイドは、高校生の時にセッターと話をして何かできないかと工夫して生まれた必殺技でした。私の場合は長身で左利きという特長を生かしたいと思ったのですが、こういったチームメイトの持ち味を生かした攻撃方法を、複数の人間でブラッシュアップするのは、チームのレベルアップにもつながります。

ただ漫然と与えられた練習をこなすだけでは強くはなれません。自主的に、積極的にミーティングを活用しましょう。

試合直前・直後のミーティング

試合直前には、あまり込み入った話をするのではなく、コンビネーションの確認をしたり、攻撃が有効に行われるように、チームメイトとの取り決めを確認することが必要です。これをおろそかにすると、とっさの判断が遅れ、つまらないミスにつながってしまうのです。士気を高めるために、レギュラーだけでミーティングを行うのもよいでしょう。

試合後は、疑問に思ったプレーについて、ビデオを見ながらひとつひとつ確認し、自分たちの目指すバレーがどれだけできたかをチェックすることも大切です。疑問に思ったことや要求したいことは、徹底的に遠慮無く、お互いに指摘し合う習慣を作っておくとよいでしょう。

いずれにしても、ミーティングではよく話し合って、チーム全員の意思統一を図ることが大切です。言いたいこと、疑問点があるのに、それを残したまま終わるのは時間の無駄づかい。ミーティングはチーム練習と同じで、1人ではできません。チーム全体で強くなるためのせっかくの機会を、是非活用してください。

ビデオの活用

ビデオの活用は、二通りの目的があります。ひとつには、自分のチームのプレーやコンビネーションを確認すること。もうひとつは、相手チームの戦術、攻撃パターンを分析することです。どちらも同じくらいに大切なので、常に積極的にビデオを見て、細部まで確認する癖をつけましょう。プレーしている間は、客観的に自分たちのプレーを判断することができにくい状態になっています。フォームや踏み切る位置、チームメイトとの位置関係などに気をつけて、ビデオを見るようにしてください。

これで強くなれる！

- 徹底的に話し合って共通の目的意識を持つ
- 試合直前は取り決めを確認する
- 試合後は自分たちのプレーを確認
- 自分たちのプレーや相手の戦術をビデオで分析する

強い選手・チームになるために

チームを生かした戦略

十人十色といわれるように、チームにもひとつひとつ個性があります。当然、それぞれのチームが得意とする攻撃や守備も違ってくるので、その個性を生かした戦略を立てましょう。

背の高い人が多いチーム

ネットがある限り、バレーボールはやはり、背が高い人に有利なスポーツ。背が高い人が多ければ、それだけ他のチームよりアドバンテージがあります。攻撃をするにも、相手の攻撃を防ぎ、レシーブにつなげるブロック力を高めるにも、身長は大事な要素。せっかくの高身長を活かせるよう、ブロックの跳び方や手の出し方、壁の作り方などを鍛えて、鉄壁のブロックを誇るチームにしましょう。

また、高身長選手が多いなら、攻撃も1人のアタッカーに頼らず、まんべんなくボールを散らせ、長期的に見てバランスのよいチームになります。ブロック力を高めると、相手チームはフェイントを多用してくる可能性があります。レシーバーはつねにフェイントなども頭に入れて構えましょう。

背の低い人が多いチーム

身長が低い人が多いチームも、悲観することはありません。一般的に、身長が高い選手はレシーブが苦手なことが多いもの。レシーブ力を十分に高めてボールをつなぎ、ラリーを続けていけば、相手チームがミスを出し、自滅してくれるでしょう。拾ってつなぐ粘りのバレーは、日本伝統のものです。

この場合、相手の一番得意とするコースに、自チームで一番のレシーブの名手が入ると、より効果的です。一番自信のあるスパイクをレシーブされることは、アタッカーにとってストレスになり、ミスを誘いやすくなるからです。

ブロックは、完全に防ぐことは難しいので、少なくともワンタッチをかけて、レシーブ力の高さに任せる展開に持ち込めるようにします。フェイントやプッシュなどを習得し、真っ向勝負だけしかできないという状態は避けましょう。

強力なアタッカーがいるチーム

破壊力のあるスパイクが打てるアタッカーがいる場合は、その選手を中心とした攻撃パターンを組み立てるのが定石です。もちろん、その人にだけ頼っていては攻撃が単調になってしまいますが、どんな劣勢であっても、必ず得点ができる必勝パターンを作っておくのです。それ以外にも当然攻撃パターンを磨くのですが、大事なときに必ず得点できる、という攻撃があれば、セッターやその他の選手の気持ちに余裕を持たせますし、チームのまとまりも生まれてきます。

強力なサーバーがいるチーム

ラリーポイント制では、強いサーブを打てる選手がいることは大変有利に働きます。バレーボールはリズムのスポーツなので、最初に流れを引き寄せることはとても大切。サーブで得点できれば一番ですし、サーブレシーブを乱せれば、相手のリズムを崩せます。そこで、強いサーバーがいるチームは、例えばその選手が最初にいつも打てるようなローテーションを組み、先にリズムに乗りましょう。

これで強くなれる!

- 自分たちの特長をしっかりと把握する
- 得意とする分野を生かした戦術を選ぶ
- 背が低い場合は粘りでカバー
- ローテーションも考慮する

強い選手・チームになるために

キャプテンとマネージャー

キャプテンは、実力があるのはもちろんのこと、他のチームメイトを盛り上げ、メンバー全体の信頼に応えられる選手でなければなりません。マネージャーは縁の下の力持ち。もしいないと、日々の練習にも支障をきたします。

私の理想のキャプテン像

私個人の経験では、理想のキャプテンは、初めて全日本入りしたときの江上由美さんでした。プレーヤーとしても尊敬していましたし、精神的にも本当に頼りになる方でした。「モトコ、とにかくやってみなさい。あとは私たちが何とかするから大丈夫」。いつもそうやって励ましてくれ、新人だった私はのびのびと自分のプレーに専念できたのです。

後になって自分が全日本のキャプテンになった時、江上さんがさりげなくしてくださっていたことが、実は大変な役割だったのだと痛感したのでした。

キャプテンの仕事

チーム競技であるバレーボールでは、キャプテンの仕事はたくさんあり、それぞれが大切です。ざっと挙げてみても「選手と監督とのパイプ役」「選手同士のつなぎ役」「監督からみんなを代表して怒られる役」「監督がいない時、中心になって練習を進める」「注意や指導をする」「コートの中では一番のまとめ役」「試合中、チームを代表して審判への質問や抗議をする」など、本当に様々な役割があることが分かるでしょう。

私自身も、日立と全日本と、両方でキャプテンを務めた経験があります。キャプテンになって最初の頃は、空回りしたこともあります。チームメイトのことばかり気になってしまって、自分のプレーがおろそかになってしまったのです。

その時気づいたのは、キャプテンは監督と違って、キャプテンである前に一人の選手であることを忘れてはいけないということ。特に私はエースアタッカーでしたから、プレーをしっかりやっていれば、周りも、後輩もついてきてくれるんだということでした。

いろいろなタイプのキャプテン像があると思います。その人の個性にあったキャプテン像をつかみ、実現していけばよいと思いますが、どんなタイプのキャプテンであっても「キャプテンも一プレーヤーである」ということは忘れてはいけないと思います。

マネージャーのしごと

マネージャーの仕事はチームによって本当に様々です。スコアをつけたり、用具の整備をしたり、洗濯したり、試合の登録やアクセスの確認、切符の手配、時には選手の相談役や監督との橋渡し役など、数え上げればきりがありません。

チームが機能するように、そしてプレーヤーがスムーズにプレーできるように気を配るのが大事です。とはいえ、マネージャーに全てを任せきりにするのではなく、選手それぞれも自主性を持って行動するようにし、マネージャーの負担をなるべく減らしてあげることも大事。そして、感謝の気持ちを忘れず、言葉にして表すことです。

これで強くなれる!

- みんなのびのびとプレーできる環境にする
- しっかりとプレーしてチームを引っ張る
- 地味な作業をしてチームを支えるマネージャーがいる

強い選手・チームになるために

試合前・当日にすること

試合が近づけば、胸が高鳴りわくわくすると同時に、不安になったりもします。強い選手・チームの試合前日・当日の過ごし方を参考にしてみてください。

前日までにすること

　試合前は、ビデオとデータを見て、コンビネーションなどの再確認と、相手チームの分析に当ててください。ブラジルやイタリアなど、世界トップの強豪チームも、前日は熱心にビデオで自チーム・相手チーム両方の研究をするのです。

　まずは自分たちのプレーについての確認。コンビを組んでいるプレーヤー同士で話し合い、お互い相手にどう動いてもらうとスムーズに攻撃できるか、整理します。そして、自分たちのプレーをビデオで見て、その話し合いで出た結論でいいか、他に注意することはないのかをひとつひとつ細かくチェックします。

アタッカーの場合

●フォームの確認。助走、踏み切る位置、踏み切るタイミング、ネットとの距離、上半身の反り具合、左右の手の動きは十分か、ミートのタイミング・振り切り方、着地など

●相手ブロッカーが何枚、どのコースについていて、自分はそれに対してどう対処しているか

●自分はどこに目線をやり、どのコースに打っているか

●自分が打ったとき、ブロックとレシーブはどこが空いていたか

●どのパターンのコンビネーションが一番有効か。

レシーバーの場合

●フォームの確認。腕の使い方は適切か、体重移動は上手くいっているか

●ボールの落下地点を予測して、すばやくその下に移動できているか

●自分と他のレシーバーとの位置関係

●ブロック位置とレシーブ位置の関係

サーブの確認

●安定したトスを上げられているか

●フォーム、ミートのタイミング

●自分が思ったところに打ち込めた確率をチェック

●自分が打ったコースと相手の守備ポジションとの関係を考えて、もっと有効な穴がなかったか考える

相手チームの分析

●誰が一番得点力が高いか

●その選手の一番打ちやすそうなコースはどこか

●チーム全体でどのような攻撃パターンをいくつ持っているか

●攻撃パターンごとの大体の決定率

●どこにサーブを打つと、どんな攻撃で返ってくるか

●誰をねらってサーブを打つのが一番有効なのか

　これらを各自確認し、ここまでやって

きたことに自信をもって、前日はゆっくりと休むことが大切です。

試合当日

会場チェック

試合で初めて訪れた体育館は戸惑うことが多いもの。会場に入って真っ先にすることは、天井の高さ、照明の位置、壁やフェンスとコートとの位置関係です。特にセッターは天井の高さとアンテナを十分にチェックし、感覚をつかみます。

試合前の練習

試合前は、あまり緊張しないで、けれど集中して練習に臨んでください。いつもより良いプレーをしようと構えるのではなく、いつも通りのプレーをしよう、と自分に言い聞かせるようにしましょう。

私のとっておきの当日練習のコツ。それは、最後のサーブ練習で納得できる一本で終わらせること。これが本番でサーブを平常心で打つことにつながります。

試合は「いつも通り」の「自分たちのバレー」を

八王子実践時代のこと。春高バレーで、あとひとつ勝てば優勝というところまで来ました。マスコミは私たち実践を優勝候補のエリート軍団と呼び、対戦相手の古川商業の監督は、平均身長も低く、有名選手もいないかわりに粘りのある自分たちを「雑草軍団」と呼んでいました。

「負けて当然。当たって砕けろ!」とぶつかってきた古川商業に対し、私たちは「勝たなくては」という気持ちが強すぎて、気持ちが空回り。普段とはほど遠い状態に追い込まれ、とうとう負けてしまったのです。「いつも通り」の「自分たちのバレー」をすることがいかに難しく、それができればどんな強豪にも勝つ可能性がある、ということを身をもって知った試合でした。

「すごい、強そう、負けるかも」といった感情を相手に抱いてしまった瞬間から、負けは決まってしまうのです。気持ちで負けてはいけません。どんな対戦相手を前にしても「大丈夫!」「平気!」と心から思える強い精神力を養いましょう。

これで強くなれる!

- 試合前日は自分たちのプレーを確認する
- 試合当日は会場をしかりとチェックする
- 何よりもいつも通りのプレーをすることを心がける

モトコラム

勝利への飢餓感を体験

ソ連戦の前に試合に負けて

ソウル五輪の1ヵ月前、対ソ連戦を想定した練習試合が行われました。練習試合といっても、男子の大学生選手たちが本物のソ連選手と合わせたチームを作ってくれ、体育館には観客を入れてジャッジも国際審判員が行うという「完全リハーサル」です。

フルセットの末に負けてしまったのですが、その試合後　。山田監督は私たちの目の前でネットをはさみで切り裂き、ボールに錐で穴をあけたのです。「おまえたち、今日はリハーサルでよかったと思ったんだろう。そんな曖昧な気持ちだから負けたのだし、そんな甘さがあって本番で勝てるはずがない」。私たちは激しい衝撃を受け、自分たちの甘さを思い知ったのです。

そして、本番では見事に逆転勝利をおさめることができました。

モトコスペシャルとモトコワイド

私だけの必殺技

高校時代、日立のセンターの江上由美さんのブロード攻撃にあこがれて、私なりのアレンジを加えてできたのが「モトコワイド」です。セッターのユッコこと高橋選手に相談して、左利きの私にできるような攻撃を一緒に考え、練習をしました。右利きのブロード攻撃とは逆に、ライトからセンターに移動する形で完成。このモトコワイドは、オリンピックでおおいに活用できたのです。

レフトがBクイックを、センターがCワイドを行っている後ろで、コートの右端から左端まで9メートル走りブロードして打つ。変則・超上級テクニックが「モトコスペシャル」です。レフトのキヨ（福田記代子選手）が本来センターの攻撃であるBの位置で打つ時、その左に変則的なスペースが生まれました。「ここに走り込んだらノーマーク?」とひらめいた私は、さっそくトライ。これがモトコスペシャルです。セッター、レフト、センターと左利きの私。それぞれ絶妙の技術とコンビネーションがあって初めて実現できた技でした。

ストレッチ

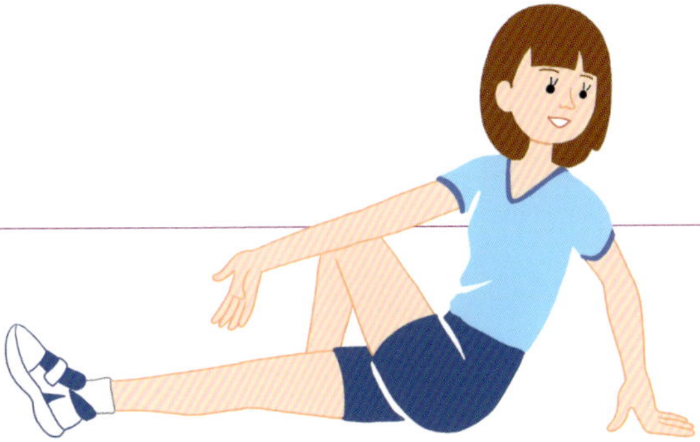

バレーボールは動き回り、そして頻繁にジャンプをする競技なため、
故障がついてまわります。日頃からきっちりとケガをしないための
ケアをすることが大事です。

首

❶足を肩幅に開いて、リラックスして立つ。
❷左手を頭の上から右側頭部に回す。
❸首の横にある筋肉が張る程度に、静かに左側に引っ張ってキープする。
❹反対側も同様に。

キープした状態で10秒、左右2回ずつ

肩からわき腹にかけて

❶足を肩幅に開いて、リラックスして立つ。
❷左手を挙げて腕を折り曲げる。
❸右手で左ひじをつかんで、息をはきながら腕を引っ張りからだを傾けてキープする。
❹反対側も同様に。

キープした状態で10秒、左右に2回ずつ

肩と腕

❶足を肩幅に開いて、リラックスして立つ。
❷左手を右側に伸ばし、右腕で抱え込む。
❸息をはきながら手前に引き寄せる。
❹引き寄せたまま上下に動かす。
❺反対側も同様に。

キープした状態で10秒、左右2回ずつ

ふくらはぎ

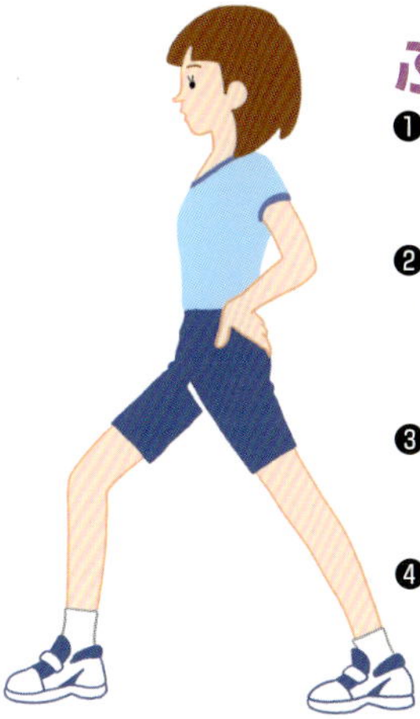

❶右足を前に踏み出して、リラックスして立つ。
❷左足のかかとを床につけたまま、ゆっくり右足に重心をかける。
❸ふくらはぎが十分に伸びたらキープして深呼吸する。
❹反対側も同様に。

キープした状態で10秒、左右3回ずつ

ふくらはぎ・アキレス腱

❶右足を大きく前に踏み出す。❷左足のかかとを床につけたまま、ゆっくり両手を右足の前あたりにつける。❸反対側も同様に。

キープした状態で10秒、左右3回ずつ

太ももと腰

❶右足を大きく前に踏み出す。
❷背筋を伸ばしたまま、腰を下ろしてゆっくり右足に重心をかける。
❸息を止めずにキープする。
❹反対側も同様に。

キープした状態で10秒、左右3回ずつ

太もも裏側とふくらはぎ

❶右足を大きく前に踏み出す。❷からだをゆっくりと前傾させ、右足に重心をかける。❸反対側も同様に。

キープした状態で10秒、左右2回ずつ

ストレッチの重要性

バレーボールだけでなく、スポーツ全般とケガは切っても切り離せない関係。激しい運動をすれば、自然とケガをしてしまう可能性は高くなってしまいます。それを防止するのがストレッチ。ここでは一例を紹介していますが、本当は全ての関節を回し、筋肉を伸ばしておきたいくらい。それくらい重要なので、ぜひ時間をとってストレッチしてください。なお、痛いと思う手前でとめるようにしましょう。

太もものうしろ

❶あお向けに寝てリラックスする。❷左足を抱え込み、ゆっくり息をしながら胸に引きつける。❸反対側も同様に。

キープした状態で10秒、左右2回ずつ

わき腹

❶あお向けに寝て両手を広げる。
❷ひじと肩を床につけたまま左足を交差させ、右側に傾ける。
❸顔は左側を見る状態でわき腹を十分に伸ばす。
❹反対側も同様に。

キープした状態で20秒、左右2回ずつ

太もも前側

❶足を伸ばしたまま長座する。
❷左足を外側に曲げる。
❸ひざを床につけたまま上体をゆっくり後方に倒していく。
❹倒せる位置まで(上)倒す。可能なら寝るまで(下)。
❺反対側も同様に。

キープした上体で20秒、左右2回ずつ

キープした状態で10秒、左右2回ずつ

背中・太もも・腰

❶足を伸ばしたまま長座する。
❷左足を右足に交差させ、足裏を床につける。
❸左ひざに右ひじをかける。
❹胸を張った状態でゆっくりからだをねじる。
❺反対側も同様に。

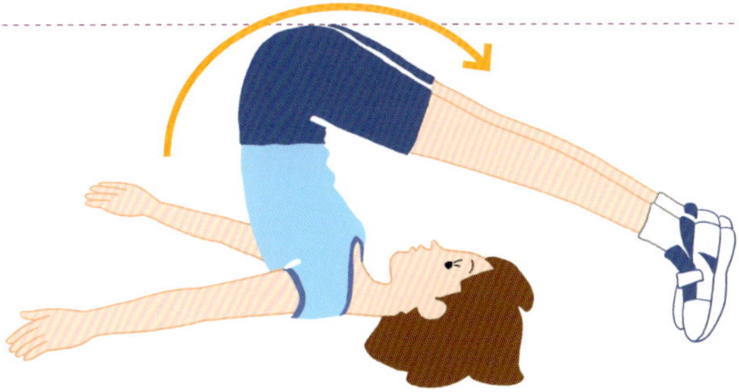

背中と首

❶あお向けに寝てリラックスする。
❷両足をそろえて上げて、ひざを曲げないように頭の後ろまで伸ばす。
❸ひざを曲げるストレッチもあり。

キープした状態で5秒、5回程度

キープした状態で10秒、3回程度

背中と肩

❶四つんばいの状態になる。
❷ひざを曲げたまま、胸が床につくくらい両手を前に伸ばす。
❸腰をそらして伸ばすストレッチもあり。

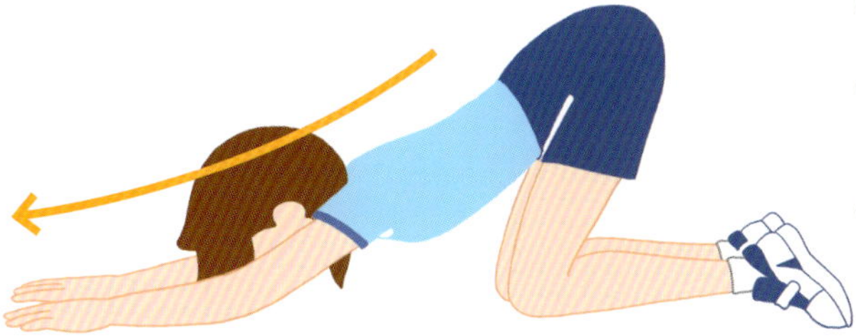

キープした状態で10秒、左右3回ずつ

背中・肩・腕

❶四つんばいの状態になる。
❷ひざをまげたまま両手を前に伸ばす。
❸右手を左に伸ばして顔も左に向ける。
❹反対側も同様に。

用語解説

アウト・オブ・バウンズ
アンテナにボールが触れたり、アンテナの外側を通ってボールを返した場合の反則のこと

アシステッド・ヒット
味方のプレーヤーや、外部の構造物などの助けを借りてプレーをする反則。ただし、片足でも床に着いていれば反則ではない

アタック・ヒット
相手コートへ返球すること。スパイクを含む、サーブとブロックを除く全ての相手コートへの返球の意味

アタックライン
コートの前方1／3に引かれているライン。ここから前がアタックゾーン

アンテナ（サイドマーカー）
ネットには左右のサイドラインの真上に、幅5cmのサイドバンドと言う白い帯があるが、このすぐ横に、ネットに固定してある棒のこと。
ネット上に80cmあり、このアンテナの外はコート外とされる

イエローカード
スポーツマンシップにはずれる行為、態度をとったときに出される反則を示すカード。

インプレー
サーブを打ってから1つのプレーが終わる（どちらかのチームにポイントが入る）までの間のこと

エンドライン
ネットと平行にあるコートのライン。コートの後方を示す

オーバー・タイムス
ボールを相手コートに返す前に、4回触れてしまう反則。新用語ではフォア・ヒット

キャッチ・ボール（ホールディング）
ボールの動きを止めてしまうこと。つかんだり投げたり、腕の間に挟まってしまったりがこれにあたる。

クイック（速攻）
低く速いトスからスパイクを打つ攻撃のこと

ゲームキャプテン
試合を行うコート上には、必ずキャプテンがいなければならない。このため、キャプテンがコート外にいるときに定められた、仮のキャプテン

コンビ（コンビネーション）
時間差攻撃ともいう。おとりのアタッカーがタイミングをずらして先に飛んで、敵のブロッカーを惑わせるフォーメーション攻撃

サーブ
サービスゾーンから打つ、始めの攻撃

サイドアウト
サーブ権が移動すること。現在はラリーポイント制なので、1つのラリーを終えればポイントが得られ、その都度サービス権が得られる

サブスティチューション
選手交代、メンバーチェンジを指す